KB058212

브랜드갭

THE BRAND GAP

마케터와 디자이너를 위한 강력한 브랜딩의 5가지 원칙

브랜드 갭

마티 뉴마이어 지음 | 김한모 옮김

김한모

현재 Milwaukee institute of art & design 커뮤니케이션 디자인과 조교수로 재직중이다.
홍익대학교 미술대학 응용미술학과 졸업. 제일기획, 멕켄 에릭슨, 오리콤에 근무했으며,
삼성그룹 CI 작업 및 리뉴얼 작업을 총괄했다. 그 외에 건설 교통부 CI, 해찬들을 비롯한
50여 개 주요 기업 및 단체의 아이덴티티 작업과 브랜딩 작업을 담당했다.

브랜드 갭

2판 1쇄 발행일 2016년 3월 20일
2판 3쇄 발행일 2021년 12월 15일

지은이 마티 뉴마이어
옮긴이 김한모

발행인 박헌용, 윤호권
발행처 ㈜시공사 **주소** 서울시 성동구 상원1길 22, 6-8층(우편번호 04779)
대표전화 02-3486-6877 **팩스(주문)** 02-585-1755
홈페이지 www.sigongsa.com / www.sigongjunior.com

ISBN 978-89-527-8200-7 03320

*시공사는 시공간을 넘는 무한한 콘텐츠 세상을 만듭니다.
*시공사는 더 나은 내일을 함께 만들 여러분의 소중한 의견을 기다립니다.
*알키는 ㈜시공사의 브랜드입니다.
*잘못 만들어진 책은 구입하신 곳에서 바꾸어 드립니다.

HOW TO BRIDGE THE DISTANCE BETWEEN BUSINESS STRATEGY AND DESIGN

THE BRA

AND GAP

추 천 글 RECOMMENDATION

『브랜드 갭』은 매우 독창적이다. 이 책은 크리에이티브의 상호 의존성과 관련된 모든 것을 설명하고 있지만, 너무나 명료하고 간결한 문체로 쓰여졌기 때문에 쉽게 브랜드 관련 컨셉을 알 수 있고, 이를 실천에 옮기게 한다.

– 피터 반 나덴 (휼렛 패커드 국제 브랜드 이사)

잘 관리된 브랜드는 성공한 모든 기업들의 원동력이다. 그리고 저자는 이를 어떻게 해야 하는가를 정확히 보여준다. 당신의 경쟁자들이 읽기 전에, 당신이 먼저 이 책을 읽도록 하라!

– 톰 켈리 (『General Manager of IDEO』의 저자)

브랜드에 관한 모든 내용의 핵심을 찌르는 책, 즉 지속적인 경쟁적 우위를 지키기 위해 이성과 감성을, 이론과 실제를, 논리와 마술을 연결하는 방법을 제공하는 책이다. 직책에 '브랜드'라는 단어가 들어가는 몇 사람만이 아니라, 회사의 모든 사람들이 반드시 이 책을 읽어야 한다.

– 수전 록리스 (인텔사 크리에이티브 이사)

기분 좋게 읽을 수 있는 책이다. 『브랜드 갭』은 가볍고, 시각적인 방법을 활용하여, 심오하면서도 실용적인 영감을 준다. 쉽고 즐겁게 읽으면서, 강력한 브랜드를 구축하는 데 있어서 상상력의 힘과 조사의 역할을 발견할 수 있다.

– 데이비드 에이커 (『Brand Leadership』의 저자)

이것은 브랜드와 관련된 수많은 책들 중 또 다른 한 권의 책이 아니다. 비즈니스와 엔지니어링, 그리고 디자인학교에서 반드시 읽어야 할 유일한 책이다.

– 클레먼트 모크 (AIGA 회장)

서 문 PREFACE

많은 사람들이 언급하지만 극히 소수의 사람들만이 이해하고 있고, 그 중에서도 소수만 그 관리 방법을 알고 있는 것. 그럼에도 불구하고 모든 사람들이 원하는 것. 그것은 무엇일까? 바로 '브랜딩'이다. 브랜딩은 아마도 스프레드시트 프로그램이 소개된 이후 가장 효과적인 비즈니스 도구일 것이다.

이 책에서 나는 브랜드에 관하여 넓은 관점, 즉 브랜드란 무엇이고, 혹은 브랜드가 아닌 것은 무엇이며, 왜 효과가 있고, 무엇보다 브랜드가 경쟁적 우위를 지속하기 위해서 어떻게 논리logic와 마술magic의 틈을 연결해야 되는가를 소개하려고 한다.

대부분의 브랜딩 관련 서적들이 독자들을 완전히 지치게 할 만큼 엄청나게 많은 예들과 연구 결과를 보여줌으로써 자신들의 이론을 뒷받침하려 하지만, 이 책에서는 정반대의 시도를 했다. 즉, 최소의 필요 정보만을 제공하고 간략한 일러스트레이션, 다이어그램과 개요 같은, 회의실에서의 속기록 방법을 사용함으로써 브랜드에 관한 광의의 개념을 보다 확실하고 명확하게 전달하고자 노력했다.

독자들의 시간은 매우 소중하다. 따라서 나의 첫 목표는 짧은 여행 기간 중 기내에서 읽을 수 있을 만큼 쉽고 빠르게 소화할 수 있는 책을 독자들에게 제공하는 것이고, 두 번째 목표는 그러면서도 평생 지속될 수 있는 효과적이고 강력한 브랜딩 원칙을 제공하는 것이다.

마티 뉴마이어

차 례 CONTENTS

서론 INTRODUCTION

브랜드가 아닌 것 **17**
브랜드가 갑자기 뜨거운 이슈가 된 이유는? **24**
베리사인을 통한 우리의 믿음 **26**
당신의 브랜드의 가치는? **28**
브랜드는 우연히 만들어진다 **30**
브랜드 갭 **31**
카리스마 브랜드 **34**

DISCIPLINE 1 : 차별하기 DIFFERENTIATE

세 가지 작은 질문들 **47**
다르기에 난 좋아한다 **50**
마케팅의 발달 **54**
국제주의 vs 부족주의 **56**
포커스, 포커스, 포커스 **60**
자라는 브랜드, 수확하는 브랜드 **62**

DISCIPLINE 2 : 협력하기 COLLABORATE

하나의 브랜드를 만들기 위해서는 마을이 필요하다 **67**
새로운 협력체들 **70**
할리우드 만세 **78**
프로토타입의 효과 **84**

DISCIPLINE 3 : 혁신하기 INNOVATE

타이어와 도로가 만나는 곳 **89**
모든 사람들이 우로 가면, 좌로 간다 **92**
브랜드인가, 블랜드인가 **96**
최근의 이상한 이름들 **98**
아이콘과 아바타 **103**
패키지는 브랜딩이다 **106**
당신의 웹사이트는 너무 비만해 보이지 않는가? **112**

DISCIPLINE 4 : 타당성 확인하기 VALIDATE

새로운 커뮤니케이션 모델 **117**
사람들은 모두 다르다 **121**
테스트란 세 글자로 이루어진 단어가 아니다 **122**
소비자 그룹의 잘못된 통념 **126**
어떻게 왜곡을 피할 수 있나 **128**
스왑 테스트 **130**
컨셉 테스트 **134**
필드 테스트 **140**
우리가 찾고 있는 것은 무엇인가? **142**

DISCIPLINE 5 : 배양하기 CULTIVATE

살아 있는 브랜드 **149**
당신은 매일 대본을 쓴다 **152**
나침반으로서의 브랜드 **154**
브랜드의 보호 **156**
CBO들은 어디에 있나? **158**
효력 있는 순환 고리 **162**

과제 **164**
브랜드 용어집 **174**
추천 서적 **198**
옮긴이의 말 **206**
INDEX **208**

Ceci n'est pa

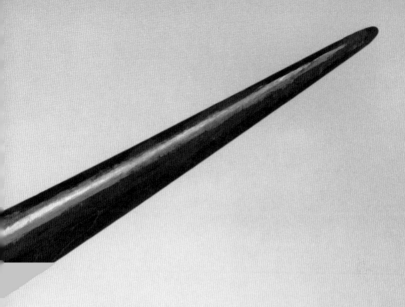

une brand.

[이것은 브랜드가 아니다.]

서 론 INTRODUCTION

브랜드가 아닌 것

원점에서 생각해 보자. 브랜드에 관한 잘못된 인식을 제거한다면, 당신은 좀더 정확하게 브랜드를 이해할 수 있는 기회가 많아질 것이다.

첫째, 브랜드는 로고가 아니다. 로고라는 용어는 로고타입의 약자로, 디자인에서 말하는 '글자를 이용하여 디자인한 상표'를 지칭한다 (LOGOS란 그리스어로 '말'을 뜻한다). 로고라는 용어가 사람들 사이에서 유행한 것은 단어 자체가 멋지게 들리기 때문이다. 그러나 사람들이 로고라고 할 때 실제로 의미하는 것은 로고, 심볼, 모노그램, 엠블럼, 혹은 기타 그래픽 기법으로 처리된 트레이드마크이다. 예를 들면, IBM은 모노그램을, 나이키는 심볼을 사용하고 있는데, 둘 다 트레이드마크이긴 하지만 로고는 아니다. 여기에서 중요한 점은 로고나 혹은 어떤 종류의 트레이드마크도 브랜드가 아니라는 것이다. 이들은 단지 브랜드를 상징할 뿐이다.

다음으로 브랜드는 CI 시스템이 아니다. CI 시스템은 기업에서 출간하는 출판물, 광고, 편지지나 편지봉투, 차량, 사인 같은 다양한 커뮤니케이션 매체에 트레이드마크나 트레이드 마크를 돕는 요소들을 사용하는 방법을 관리하기 위한 20세기의 개념이었다. 50여 년 전에는 평판 인쇄가 커뮤니케이션 기술의 핵심이었고, 이에 따라 CI 매뉴얼의 용도는 인쇄물에 있어서 크기, 색상, 공간, 레이아웃, 그리드 등의 사용법을 정하고 관리하기 위함이었다. 시각적인 일관성을 유지해 주는 CI 매뉴얼은 오늘날에도 여전히 필요하지만, 일관성 하나만으로 브랜드를 창출할 수는 없다.

마지막으로 브랜드는 제품이 아니다. 마케팅에 종사하는 사람들은 브랜드 관리에 대해 자주 이야기하지만, 이때 이들이 브랜드라 지칭하는 것은 보통 제품관리, 판매, 유통, 품질 관리 등을 의미한다. 브랜드를 관리한다는 것은 제품을 둘러싼 보이지 않는 의미의 층인 '아우라', 즉 무형의 것들을 관리하는 것이다.

그렇다면 정확하게 브랜드란 무엇일까? 브랜드란 제품이나 서비스, 혹은 기업에 대하여 개인이 가슴속 깊이 느끼는 '본능적인 감정 gut feeling'이다. 왜냐하면 우리는 이성적으로 사고하기 위해 많이 노력함에도 불구하고 모두 감성적이고 직관적인 존재이며, 브랜드는 최종적으로 이러한 개인들에 의해 정의되는 것이지 기업이나, 시장에서, 혹은 소위 일반 대중들에 의해 정의되지 않기 때문이다.

사람들은 어떤 브랜드에 대하여 각자 자기 나름대로 정의 내린다. 브랜드를 제공하는 회사는 이런 과정을 조절할 수는 없으나 자신의 제품이 가진 타제품과의 차별점을 강조하는 커뮤니케이션을 통해 영향을 끼칠 수는 있다. 보다 많은 이들이 한 회사에 대해 같은 '감정'을 느낀다면 그 회사는 브랜드를 갖게 되었다고 할 수 있다. 다시 말하면, 브랜드란 **당신이** 말하는 '그 무엇'이 아니고 **그들이** 말하는 '그 무엇'이다.

브랜드란 일종의 플라토닉 아이디얼, 즉 어느 특정 종류의 것들을 분별하기 위해 집단에서 공유하는 개념이다. 플라톤이 사용한 예를 보면, 우리는 '말'[馬]이라는 단어를 들으면 네 다리에 긴 꼬리, 근육질 목에 늘어진 멋진 갈기, 힘과 우아함, 그리고 사람을 등에 태워 먼 거리를 이동하게 하는 멋진 창조물을 떠올리게 된다. 개개의 말들은 각기 다르겠지만 우리는 여전히 일반적인 '말다움'을 인식하게 된다. 또한 그 인식에 '말'을 이루는 부분들을 더하게 되면 그 전체는 차별성이 충분하여 '말'이라고 생각하지 소나 자전거라고 생각하지 않게 된다.

브랜드란 플라톤이 사용한 '말'의 예와 같이, 제품과 서비스, 혹은 기업을 대강, 그러나 여전히 독특하고 차별되게 이해하는 것이다. 한 브랜드를 경쟁자와 비교하려면 차이를 만드는 요소들만 알면 된다. 그 차이는 서류 속 데이터로 존재하는 것이 아니라 사람의 마음속에 존재한다. 그러므로 브랜드 관리란 사람들의 마음속에 존재하는 '차이'를 관리하는 것이다.

A BRAND IS NOT WHAT

YOU SAY IT IS.

브랜드란 **당신이** 말하는 그 무엇이 아니다.

IT'S WHAT

THEY SAY IT IS.

그들이 말하는 그 무엇이다.

브랜드가 갑자기 뜨거운 이슈가 된 이유는?

브랜드의 개념은 최소 오천여 년 전부터 존재해 왔다. 그런데 왜 오늘에서야 이토록 뜨거운 이슈가 되었을까? 그 이유는 우리 경제가 대량 생산mass production의 경제에서 대량 맞춤mass customization의 경제로 이동하면서 구매 선택권이 증대되었기 때문이다. 우리는 이제 정보는 많지만 시간이 없는 사람이 되었다. 그래서 제품의 특징과 혜택만 비교하여 제품을 평가하는 예전의 방식은 더 이상 효과가 없게 되었다. 이런 상황은 제품이 시장에 소개되자마자 경쟁자들끼리 서로의 특성을 모방함으로써 점점 더 악화되고 있으며, 생산 기술의 발전으로 인해 제품에 있어서 품질은 더 이상 의미 없는 것이 되었다.

오늘날 우리는 제품 선택의 기준을 보다 상징적인 속성에 두고 있다. 제품이 어떻게 생겼으며, 어디에서 판매되고 있으며, 어떤 사람들이 구매하며, 만일 내가 그 제품을 구매한다면 어떤 사람들의 부류에 속하며, 그렇게 적합한 제품에 대하여 지불해야 할 비용은 얼마이며, 다른 사람들이 그것에 대해 뭐라고 말하는지, 그리고 마지막으로 그것을 만드는 사람은 누구인지 중요해졌다. 왜냐하면 만든 사람을 믿을 수 있다면 지금 당장 구입하고 걱정은 차후에 하면 되기 때문이다. 따라서 고객이 제품의 구매를 결정하는 것은 제품의 특징과 혜택에 대한 평가가 아니라 어떤 제품에 대해 느끼는 믿음의 정도에 따라 좌우된다.

이곳에는 무려 1,349개의 카메라가 판매되고 있다.
당신은 어떤 이유로 구입 여부를 결정하는가?

베리사인을 통한 우리의 믿음*

미국 화폐의 역사는 신뢰가 어떻게 브랜딩과 관계 있는지 보여주는 좋은 예이다. 미국의 독립 전쟁이 끝난 후 지폐가 이전 가치의 40% 수준으로 평가절하되었을 때, 사람들이 신뢰할 수 있었던 유일한 통화는 금과 은뿐이었다. 새로 발행된 은태환 지폐Silver Certificate는 그 지폐의 가치에 해당하는 금이나 은을 보관해 놓음으로써 그 가치가 보장되었음에도 불구하고, 이것이 화폐로 인정되기까지는 백 년의 세월이 걸렸다. 이후 은태환 지폐를 대체하는 연방준비은행 지폐를 받아들이는 데까지는 또 다른 백 년이 걸렸다. 이 지폐는 준비금이 전혀 지원되지 않았지만, 미국이라는 브랜드에 대한 순수한 믿음만으로 인정받았다. 그리고 오늘날 우리는 거래의 많은 부분을 신용카드 시스템을 활용하면서도 신뢰할 수 있다는 것을 배웠다.

통화의 발달사는
신용의 발달사를 보여준다.

*세계적인 인터넷 보완, 인증사인 베리사인을 이용하여 미국 달러 디자인에 있는 'in god we trust'를 패러디한 것. _옮긴이 주

머지않아 국제 사이버 머니를 신용카드가 좀더 진보된 것으로 받아들일 수 있을까? 물론 그렇게 될 것이다. 우리가 신뢰할 수 있다면. 신뢰를 구축하는 것이 브랜드 디자인의 기본 목표이다. 은태환 지폐에 복잡하고 화려하고 난해한 이미지를 사용한 것은 아무 생각 없이 한 것이 아니다. 그것은 단순히 돈에 대한 상징에 신뢰를 촉진하기 위한 의도적인 시도였다.

신뢰라는 개념은 화폐를 — 이것이 금속, 종이, 플라스틱, 혹은 사이버 상에서건 — 제품과 서비스와 교환할 때만큼 중요하다. 신뢰란 구매를 결정하게 하는 결정적인 지름길이자, 현대 브랜딩 이론의 근저이다.

당신의 브랜드 가치는?

회사의 브랜드 가치를 돈으로 환산할 수 있을까? 물론 그것은 가능하며, 몇몇 회사들의 추정 액수는 놀랄 만하다. 브랜드 컨설팅 회사인 인터브랜드Interbrand사가 발표한 100대 글로벌 브랜드 평가를 보면, 현재 리더는 코카콜라사로 약 7억 달러의 가치를 갖고 있는 것으로 나타나는데, 이는 자본금의 약 60% 이상이 되는 금액이다. 목록 중간 정도에 위치한 제록스사는 6천만 달러의 가치를 지니는데, 놀랍게도 이것은 자본금의 약 93%에나 이르는 금액이다.

이처럼 기업 자본의 많은 부분을 차지하는 기업의 브랜드 가치가 대차 대조표에는 나타나지 않지만 기업들은 이러한 문제에 대해 보다 깊이 있게 생각하고 있으며 이미 자금을 조달할 때나, 라이선스 거래에서 가격을 책정할 때, 기업의 인수합병을 평가할 때, 소송 관련 손해를 산정할 때, 그리고 주식 가치의 근거를 삼는 도구로 브랜드 가치를 이용하고 있다.

비즈니스 속담에 "측정될 수 있는 것이 실행될 수 있다" 라는 말이 있다. 브랜드 가치의 측정이 가능해지면서 기업들은 브랜드 가치를 높이는 방법에 초점을 맞추고 있다. 브랜드 가치를 높이는 한 가지 방법은 화폐를 제작할 때처럼 신뢰를 촉진하기 위해 디자인을 사용하는 것이다.

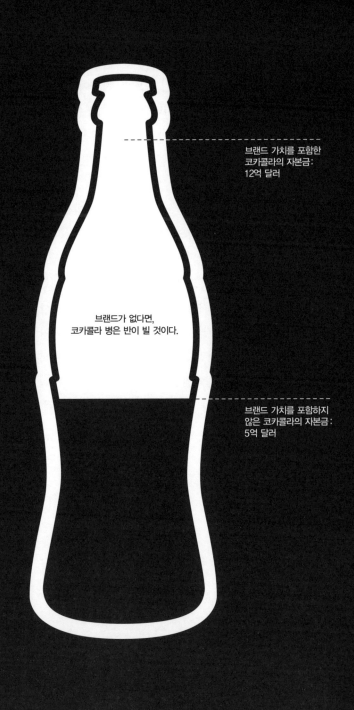

브랜드 가치를 포함한
코카콜라의 자본금:
12억 달러

브랜드가 없다면,
코카콜라 병은 반이 빌 것이다.

브랜드 가치를 포함하지
않은 코카콜라의 자본금:
5억 달러

브랜드는 우연히 만들어진다

지금까지 인터브랜드사의 목록에서 볼 수 있는 놀랄 만한 가치는 계획 하에 발생된 것만큼 우연히 발생한 것도 있다. 이러한 수치들은 의심할 바 없이 수많은 시간과 노력, 자금이 투자되고 많은 연구를 해왔음을 나타낸다. 하지만 사실상 대부분은 판매, 서비스, 품질, 마케팅 등의 비즈니스에서 하는 수많은 활동의 부수적인 효과이다. 브랜드는 대부분 우리가 무엇인가 다른 일을 하고 있는 동안에 발생된다.

그러나 만일 단순히 브랜드가 발생되도록 놔두는 것이 아니라, 그러한 노력으로부터 브랜드를 분리하고, 연구하고, 측정하고, 관리하고, 영향을 줄 수 있다면 어떻게 될까?

이런 것들이 바로 기업들이 시도하려는 것들이다. 그들은 브랜드 매니저를 임명하여 브랜드 관련 조사 기법으로 무장된 브랜드 전략가들로 가득 찬 브랜드 부서를 이끌게 하고 있다. 그러나 다른 한편으로 그들이 발견하게 되는 것은 브랜드를 만들기 위해서는 전략만이 아니라 그 이상의 무엇이 필요하다는 것이다. 바로 전략과 함께 창의성이 필요하며, 이런 점이 이 책의 전제가 된다.

브랜드 갭

대부분의 기업에 있어서 전략strategy 부문과 창의성creativity 부문은 매우 단절되어 있다. 한편에서는 분석적이고 논리적이며, 직선적이고, 구체적이고, 계산적이고, 언어적인 좌뇌 사고를 선호하는 전략가들과 마케터들이 있고, 다른 편에서는 직관적이고, 감성적이며, 공간적이고 시각적이며 자연적인 우뇌 사고를 선호하는 디자이너들이나 창의적인 사람들이 있다.

불행하게도 좌뇌는 우뇌가 무엇을 하는지 항상 알지는 못한다. 전략과 창의성, 논리와 마술 사이에 균열이 있을 때 브랜드 갭brand gap이 생긴다. 브랜드 갭은 매우 중요한 고객과의 접점에서 훌륭한 전략을 실패하게 하거나, 혹은 과감하고 창의적인 시도를 첫 계획 단계에서 실시되기도 전에 포기하게 만들 수 있다.

전략과 창의성 사이의 깊은 간극은 기업과 고객을 철저히 갈라놓을 수 있어서 중요한 커뮤니케이션도 그들 사이에서는 전달되지 못할 수 있다. 이것은 첨단 기술의 라디오를 호환성이 없는 스피커를 통해 들으려 하는 것과 같다. 즉 신호는 강하게 오고 있지만, 무슨 소리인지는 전혀 알아들을 수 없게 된다.

우뇌는 좌뇌가 하는 일을 알고 있을까?

좌뇌는 우뇌가 하는 일을 알고 있을까?

카리스마 브랜드

브랜드 갭을 살펴보는 데는 두 가지 방법이 있다. 첫째는 '커뮤니케이션에 있어서 장애를 일으키는가?', 둘째는 '경쟁에 있어서 장애를 일으키는가?'이다. 이러한 브랜드 갭을 줄이는 방법을 익힌 기업은 그렇지 못한 기업에 비해 엄청난 강점을 갖게 된다. 브랜드 커뮤니케이션이 변하지 않는 수정처럼 분명하고, 설득력 있는 상태가 되면, 왜곡이나 장애, 혹은 많은 고민 없이도 사람들의 머릿속에 정확히 인식될 수 있다. 이렇게 되면 기업과 고객들 사이의 심적인 거리가 줄어들어 서로의 관계는 발전될 수 있다. 이러한 갭을 연결하고, 줄이는 메시지가 카리스마 브랜드를 만드는 구성 요소이다.

당신은 어떤 브랜드가 카리스마 브랜드인지 알 수 있다. 왜냐하면 그들은 일상 대화에 있어 항상 대두되는 화젯거리이기 때문이다. 코카콜라나 애플사, IBM, 버진, IKEA, BMW와 디즈니는 현대 사회의 아이콘이 되고 있다. 왜냐하면 그들은 사람들이 원하는 즐거움, 지성, 힘, 성공, 안락함, 멋진 스타일, 모성, 상상력 등을 대신하기 때문이다.

작은 브랜드 또한 카리스마 브랜드가 될 수 있다. 존 디어John Deere, 구글Google, 시스코Cisco, 바이킹Viking, 팜Palm, 터퍼웨어Tupperware, 트래인Trane 같은 기업들은 모두 그들의 고객에게 자석과도 같은 매력적인 위력을 발휘하고 있다. 어느 에어컨 계약자가 '트래인을 멈추기는 불가능하다' 라는 태그라인을 보게 되면 그는 '당연하다' 고 생각할 것이다.

카리스마 브랜드는 사람들이 '대체할 수 있는 것이 없다'고 믿는 어떤 제품이나 서비스, 혹은 기업이라고 정의 내릴 수 있다. 별로 놀랍지 않게도 카리스마 브랜드는 자신들이 속한 산업 분야에서 시장 점유율이 50% 혹은 그 이상이 되는 지배적인 위치를 차지하고 있다. 그들은 또한 일반제품이나 서비스보다 약 40% 이상의 높은 프리미엄 가격으로 팔리는 경향이 있다. 그리고 가장 중요함 점은 카리스마 브랜드는 일반화의 희생자가 될 가능성이 적다는 것이다.

카리스마 브랜드의 특징은 투명한 경쟁 자세, 정직함, 그리고 심미적인 것에 대한 헌신이다. 심미적인 것이 중요한 이유는 아름다움이란 느낌의 언어이고, 정보는 많고 시간은 없는 사회에서는 정보보다는 느낌이 중요하게 인식되기 때문이다. 심미적인 것은 아주 강력해서 일반적인 제품을 프리미엄 제품으로 변화시킬 수 있다. 못 믿겠다면 몰튼^{Morton} 소금을 보면 알 수 있다. 만일 패키지에 소녀가 없었다면 몰튼 소금은 일반적인 테이블 소금과 다를 바 없었을 것이다.

이 세상에 단조롭고 흥미 없는 제품은 없다. 단지 단조로운 브랜드만이 있을 뿐이다. 용기와 상상력이 풍부한 브랜드라면 모두 카리스마 브랜드가 될 수 있다. 그러기 위해서는 먼저 브랜딩의 다섯 가지 원칙을 정복해야만 한다. →

1: DIFFE

ENTIATE

차별하기

2 : COLLA

BORATE

협력하기

3 : INNO

ATE

혁신하기

4:VALIDA

TE

성 확인하기

5 : CULTI

ATE

배양하기

DISCIPLINE 1 : 차 별 하 기 DIFFERENTIATE

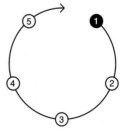

세 가지 작은 질문들

어려운 마케팅 문제를 쉽게 해결하고 싶다면 크리에이티브 캐피털Creative Capital사의 브랜드 컨설턴트인 그렉 게일Greg Galle처럼 이 세 가지 질문에 명확한 답을 구해보자.

> 1) 당신은 누구인가?
> 2) 당신은 어떤 일을 하고 있는가?
> 3) 왜 그런 것이 중요한 문제일까?

첫 번째 질문에 대해서는 대부분의 기업들이 쉽게 답변할 수 있다. 예를 들어 "우리 회사는 글로벌 그로밋Global Grommet사로, 세계 여러 국가에 그로밋을 제공하는 기업이다"라고 답하면 된다. 두 번째 질문은 다소 어려울 수 있지만 "우리는 그로밋을 만든다. 아니, 그 이상의 것을 만든다. 왜냐하면 우리는 관련된 부품 생산 라인도 갖고 있기 때문이다"라고 답할 수 있다. 그러나 세 번째 질문은 꽤 까다로울 수 있다. "그것이 중요한 이유는 우리 회사는 정말 훌륭한 그로밋을 만들고 있기 때문이다. 또한 그 밖의 부품들도……." **물론 그렇겠지만, 다른 모든 사람들도 그렇게 말할 것이다.** "왜냐하면 우리 회사는 가장 많은 종류의 그로밋과 부품들을 생산하기 때문이다." **알아요, 하지만 난 단지 한 종류의 그로밋만 필요로 하고 이미 다른 곳에서 구입했죠.** "왜냐하면 우리 회사는 가장 훌륭한 직원들을 채용하고 있기 때문이다." **그럼 어디 증명해 보세요.**

여러분이 위의 세 가지 질문에 대해 고객들이 수긍할 수 있도록 확고한 답을 할 수 없다면 브랜드를 보유하고 있는 것이 아니다. 만일 확고한 답을 갖고 있다면, 대단하다. 이번

장은 건너뛰어도 좋다.

만일 아직 읽고 있다면? 그럴 줄 알았다. 왜냐하면 대부분의 기업들은 첫 번째 문제에 대해 답하는 데에는 거의 어려움이 없지만, 두 번째 답을 하기 위해서는 다소 어려움이 있고, 세 번째 답을 하기에는 많은 어려움이 있다. 이러한 질문들은 여러분을 차별화하고 기업의 존재 이유를 제공하는 것이 무엇인지 실험할 수 있는 리트머스 시험지의 역할을 할 것이다.

'나는 누구인가'라는 질문에 대한 답을 잘 알고 있는 기업으로는 존 디어사가 있다. "우리는 존 디어이고, 농업용 트랙터와 관련 용품을 생산한다. 이는 중요하다. 왜냐하면 몇 세대를 거쳐서 농부들은 우리 제품을 믿어왔기 때문이다." 그들의 트레이드마크는 뛰는 숫사슴 실루엣이고 태그라인은 '디어만큼 잘 달릴 수 있는 것은 없다'이다. 존 디어사가 그들의 존재를 이렇게 단순하게 유지하는 이상 그들의 브랜드는 계속 잘 나갈 것이다. 그러나 만일 디어사가 지금과 관련 없는 너무 많은 제품이나 서비스를 그들의 생산 라인에 추가한다면 그들의 메시지는 혼탁해질 것이고 마침내 브랜드는 문제에 봉착하게 될 것이다.

예를 들어서 디어사가 위험을 분산하기 위한 목적으로 건강 관련, 부동산, 그리고 비료 등의 사업을 추가하여 다각화하기로 결정했다면 어떻게 그들의 브랜드를 차별화할 수 있을까? "우리는 존 디어이다. 여러분은 우리를 트랙터만 생산하는 회사로 알고 있겠지만 우리는 그 이상의 일을 한다. 이것은 중요하다. 왜냐하면 여러분은 다른 많은 것들을 구입하기 위해서 우리에게 올 수 있기 때문이다. **음, 그래요? 난 구보타**Kubota **제품을 구입할까 합니다.**

클로락스Clorox사는 차별화를 잘 이해하고 있는 회사이다. 세제로 잘 알려진 클로락스사가 샐러드 드레싱 전문 회사인 히든 밸리 랜치Hidden Valley Ranch사를 인수했을 때 클로락스 마케팅 팀은 현명하게 클로락스 브랜드에 샐러드 드레싱 라인을 추가하여 클로락스 히든 밸리Clorox Hidden Valley라는 이름으로 변경하는 우를 범하지 않았다. 실제로, 모든 히든 밸리의 패키지나 광고 혹은 기타 마케팅에 클로락스 브랜드 명은 전혀 사용되지 않았다. 반면 얼마나 많은 기업들이 이런 상식적인 것을 지키지 못해서 그에 대한 대가를 치르는지 안다면 매우 놀랄 것이다. 그 대가의 교훈은 순수함과 차별성을 지켜야 한다는 것이다.

샐러드 드레싱 원하시는 분?

다르기에 난 좋아한다

차별화는 인간의 인지 시스템이 작용되는 방식 때문에 이루어진다. 우리의 뇌는 매일 주변의 수많은 부적절한 정보로부터 우리를 보호하는 필터 역할을 한다. 우리가 부적절하고 중요치 않은 정보로 빠져드는 것을 방지하기 위해서 뇌는 사물을 구분하는 것을 배운다. 감각 기관으로부터 데이터를 받아들인 후 받은 데이터를 이전에 경험하면서 얻은 데이터와 비교하고 이들을 적절한 카테고리로 분류하게 된다. 이렇게 함으로써 우리는 개와 사자를 구별하고 그림자와 틈 사이, 식용 버섯과 독 버섯 등을 구별할 수 있다.

우리가 가장 많이 의존하는 감각 기관은 시각이다. 우리의 시각 체계는 보기에 큰 차이가 있는 것에서부터 작은 차이가 있는 것으로 나가면서 차이를 식별하도록 만들어졌다.

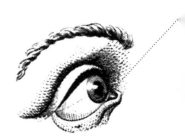

시각 체계는 대비되는 것들을 찾는다. 물체와 배경, 큰 것과 작은 것, 어두운 것과 밝은 것, 거친 것과 부드러운 것, 두꺼운 것과 얇은 것, 정지되어 있는 것과 움직이는 것의 차이를 인지한다. 이러한 것들은 뇌로 전달되어 이곳에서 의미를 만들기 시작한다. 우리의 뇌는 가까운 것과 먼 것, 낡은 것과 새것, 가벼운 것과 무거운 것, 평화로운 것과 공격적인 것, 단순한 것과 복잡한 것, 쉬운 것과 어려운 것들 간의 차이를 인지하게 된다.

인간의 시각 체계에 대해 관심을 갖는 이유는 브랜딩이 아름다움을 연구하는 학문인 미학과 관계가 있기 때문이다. 두 분야 모두 차이를 인식하는 것이고, 더 나아가 미학에서 중요한 것들은 브랜딩에서 중요한 것들과 매우 흡사하다. 그래서 우리는 겉으로 보이는 디자인만이 아니라 주요 컨셉에까지 훌륭히 대비를 준 새로운 제품이나 패키지, 혹은 출판물의 페이지 레이아웃을 보면 미적인 즐거움을 발견하고, 마침내 좋아하게 된다.

전통적인 시각에서 볼 때 디자인의 목표는 확인하고, 알리고, 즐겁게 하고, 설득하는 데 있다. 그러나 브랜딩에는 다섯 번째 목표가 있다. 바로 차별화이다. 전통적인 네 가지 목표는 전술적인 반면에, 다섯 번째 차별화는 논리와 마술의 강력한 결합인 미학에 깊은 뿌리를 둔 전략적인 것이다.

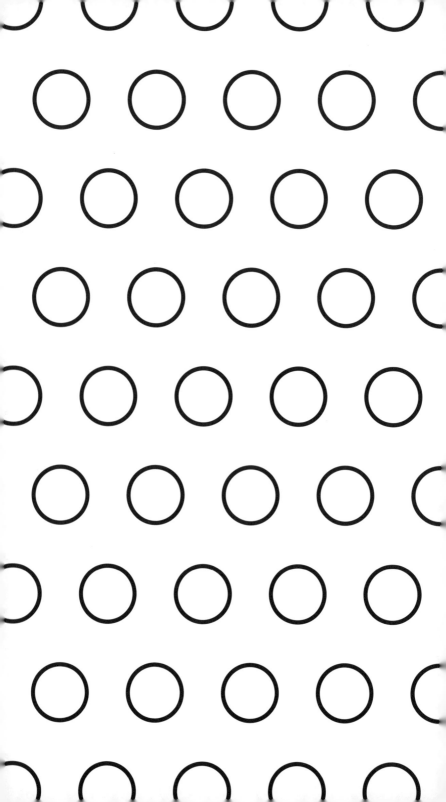

우리의 뇌는 무엇이 다른지 인식되도록 구조화되어 있다.

마케팅의 발달

하나의 것으로 모든 사람들을 만족시키던 대량 생산 경제에서 대량 맞춤 경제로 변화해 감에 따라 마케팅은 제품의 특징에서 혜택으로, 혜택에서 경험으로, 그리고 동일 집단의 소속감으로 관심을 바꿔왔다. 즉, 판매에서 강조하는 것이 "이것이 무엇인가"에서 "어떤 기능이 있는가"로, 다시 "무엇을 느낄 것인가"로, 그리고 마지막으로 "당신은 누구인가"로 발전되어 왔다. 이러한 변화는 제품의 특징과 혜택이 사람들에게 여전히 중요한 요소이지만, 개인의 정체성도 더욱더 중요해지고 있다는 것을 보여주고 있다.

인지 능력 전문가인 에드워드 드 보노 Edward de Bono는 마케터들에게 USP(the Unique Selling Proposition : 제품의 독특한 판매 제안)에 바탕을 둔 브랜드를 개발하기보다는 UBS(the Unique Buying State of their customer: 고객의 독특한 구매 상태)에 보다 중점을 두어야 한다고 충고한 적이 있다. 그는 시대를 앞서 소비자 중심의 마케팅이 대두할 것임을 예측했다.

마케팅의 주안점은
변화해 왔다.

특징 FEATURES
"이것은 무엇인가?"

혜택 BENEFITS
"어떤 기능이 있는가?"

1900 →

1925 →

나이키 브랜드의 성공은 에드워드 드 보노의 생각을 충분히 증명해 주는 좋은 예이다. 주말에만 잠깐 운동하는 나는 두 가지 회의가 드는데, 내가 선천적으로 게으른 게 아닌가, 혹은 실제로 운동신경이 없는 게 아닌가 하는 것이다. 신발에 대해서는 전혀 생각하지 않았다. 하지만 나이키 사람들이 "Just Do It"이라고 말하면서 내 마음을 들여다보고 있다. 나는 그들이 나를 그렇게 잘 이해하고 있다면, 그들이 만드는 신발은 아마도 꽤 괜찮을 것이라고 느끼기 시작하고, 기꺼이 나이키족에 합류할 의사가 갖게 된다.

경험 EXPERIENCE
"무엇을 느낄 것인가?"

정체성 IDENTIFICATION
"당신은 누구인가?"

1950 →

2000 →

국제주의 vs 부족주의

우리는 국가, 경제, 문화의 장벽을 허물어 하나의 거대한 사회를 이루려는 국제화 globalism에 대해 많은 이야기를 들어왔다. 1960년대 마샬 맥루한 Mashal Mcluhan은 향후 세계는 첨단기술로 연결되면서 해묵은 경계에 대한 개념은 없어지고 하나의 거대한 글로벌 마을을 이루게 될 것이라고 예견했다. 40년이 지난 지금 글로벌 마을은 이 세상에 존재하지 않는다. 또한 미래에도 절대 존재하지 않을 것이다. 적어도 단일 언어와 문화로 통합된, 일반적인 개념의 친밀한 공동체인 '마을'은 말이다. 대신 우리에겐 글로벌 커뮤니케이션 네트워크가 있다. 이는 예전의 경계선을 대체하는 것이 아니라, 경계선 위에 커뮤니케이션 네트워크의 층을 더함으로써 영향을 끼치고 있다.

사실 우리는 경계를 연결하려는 것만큼 구분과 경계가 필요하다. 경계가 없다면 전쟁과 질병, 자연 재해, 소외감 등으로부터 안전할 수 없다. 국제화가 이러한 경계를 허물수록 사람들은 더욱더 빠르게 새로운 경계를 만들게 된다. 그들은 이해할 수 있고 자신이 뭔가 의미 있는 사람이 될 수 있고, 자신들이 속할 수 있는 친밀한 세계를 만든다. 그들은 자신들만의 부족을 만드는 것이다.

부족이라는 개념을 좀더 확대 해석하면, 당신은 브랜드가 일종의 부족을 만든다는 것을 알 수 있다. 여러분의 독특한 구매 상태에 따라서 얼마든지 원하는 개수만큼, 원하는 날만큼 어떤 부족의 일원이 될 수 있고, 그렇게 함으로써 자신보다 더욱 큰 무언가의 일부가 되었다는 소속감을 느낄 수 있다. 골프를 즐길 때면 캘러웨이Callaway 부족에 속할 수 있고, 출근하려고 운전할 때면 폴크스바겐 부족에 속하고, 요리할 때면 윌리엄즈 소노마Williams Sonoma 부족에 속할 수 있다. 여러분은 이렇게 명확히 차별화된 기업의 제품을 구매할 때, 선택한 부족의 일원이 되거나, 혹은 그렇게 되었다고 느끼게 된다.

브랜드란 현대사회의 작은 신이다. 그 신은 각자 나름대로 인간의 욕구, 활동, 분위기나 상황을 지배한다. 그렇지만 이 작은 신은 당신들의 통제 하에 있다. 만일 당신의 최근 신이 올림푸스Olympus로부터 떨어져 나온다면, 당신은 얼마든지 다른 신으로 바꿀 수 있기 때문이다.

일요일에 그들은 탁 트인 도로에서 할리Harley Davidson 신을 숭배한다.

이것이 당신의 고객이

보는 당신의 모습일까?

포커스, 포커스, 포커스

이 세 가지는 브랜딩에서 가장 중요한 단어이다. 브랜딩에서의 위험은 브랜드가 너무 한 부분에 집중하는 데 있는 것이 아니라, 너무 집중하지 않는다는 데 있다. 초점Focus이 없는 브랜드란 너무 광범위해서 어떤 것도 대신하지 못한다. 반면 하나의 초점에 집중한 브랜드는 반대로 자신이 누구인지, 왜 남들과 다른지, 왜 사람들이 자신을 원하는지 알고 있다.

집중한다는 것은 매우 어렵다. 왜냐하면 이는 다른 무언가를 포기한다는 말이기 때문이다. 또한 이는 가장 기본적인 마케팅 본능과 정반대로 작용한다. 그래서 "만일 우리가 제공하는 제품이나 서비스를 줄인다면 이익을 창출할 수 있는 기회가 줄어드는 것은 아닌가?"라는 의문을 제기할 수 있다. 그러나 꼭 그렇지는 않다. 광범위한 분야에서 3위를 하는 것보다는 특정 분야에서 1위를 하는 것이 좋다. 당신이 3위라면 전략의 일부분에 저가정책을 사용해야 할 것이다. 반면 1위는 보다 높은 프리미엄 가격을 책정할 수 있을 것이다.

역사적으로 볼 때 당신이 속한 분야에서 최고가 되면 멋진 보상이 따른다. 첫째, 마진이 높으며 둘째, 일반화되는 위험이 사라진다. 물론 2위도 시장 점유율이 낮기는 하지만 어느 정도의 수익은 낼 수 있다. 그러나 3위나 4위 혹은 5위는 언젠가 2위가 될 거라는 현실적인 목표를 갖고 있을 때에나 노력에 대한 가치가 있을 것이다.

하지만 만일 여러분이 1위나 2위가 될 수 없다면, 여러분이 속한 분야를 새롭게 정의 내려야 한다. 산업용 소프트웨어에 강한 한 기업은 워드 프로세스 관련 제품 생산에 있어 3위 정도밖에 못했지만, 도큐먼트 출판용 제품으로 새롭게 브랜드를 정의 내리면서 기존 매출의 두 배를 달성하며 빠르게 1위 기업이 되었다. 이 모든 것이 초점을 바꿈으로써 이루어진 것이다.

경쟁은 전문성을 요구한다. 정글에서는 '가장 적절한 기업'이 되어야 하며, 현명한 기업들은 마냥 그것이 만들어지기만 기다리지 않는다. 예를 들면 경쟁이 매우 심한 자동차 산업에서 볼보는 무겁고 네모난 박스 같은 자동차로 '안전'이라는 개념의 틈새시장을 공략하면서 오랫동안 그 시장을 차지하며 매우 든든한 브랜드를 이룩했다. 이 정도면 볼보가 만족했을 거라고 생각하는가? 지금 보면 그렇지 않은 것 같다. 왜냐하면 최근 볼보는 빠르고 멋진 스포츠카를 기존의 생산 라인에 추가했기 때문이다. 물론 시간이 지나면 스포츠카 컨셉이 '안전'이라는 컨셉과 호환성이 있는지 알게 될 것이다. 하지만 모든 욕구를 만족시키려 한다면 볼보는 어디에도 속하지 않는 부적절한 브랜드로 전락하게 될 것이다.

자라는 브랜드, 수확하는 브랜드

브랜드 관련 분야의 권위자인 데이비드 에이커David Aaker 교수는 브랜드를 만들어 나가는 것을 목재사업을 위해 숲을 가꾸는 것에 비유했다. 내일의 수익을 위해 묘목을 심고, 오늘의 수익을 위해 고목을 자른다는 것이다. 브랜드에 있어서 혼란스러운 점은 어떤 것이 묘목이고 어떤 것이 고목인가를 구분하는 일이다. 성장하는 단계에 있는 브랜드로도 사실상 수익을 올릴 수 있다. 브랜드의 라인 확장에 대해 살펴보자. 당신이 성공적인 제품이나 서비스를 갖고 있다면, 그 브랜드를 여러 분야로 확장시키려는 유혹을 떨쳐버리기가 어려울 것이다. 또한 정말 일리 있다고 생각하기 쉽지만 사실 이는 매우 적절치 못한 것이다.

브랜드 확장이 적절한 경우는 새로 추가된 분야가 기존 브랜드의 의미를 강화시키고 중요한 점을 추가하여 차별화하는 경우이다. 슈퍼마켓에서 볼 수 있는 제품 중에서 확장을 통해 성공적으로 성장한 브랜드의 좋은 예는 옥소Oxo Good Grips사이다. 옥소는 수공구의 제품 브랜드로, 새롭게 소개되는 모든 제품은 손쉽게 잡을 수 있고 멋스러우며 흑백으로 디자인된 패키지에 담겨져 있다는 특징이 있다.

하지만 브랜드의 초점에 대한 고려 없이 단기 이익만 추구하는 브랜드 확장 전략은 옳지 않다. 특히, 브랜드 확장이 유혹적인 것은 결국 브랜드의 위치를 손상시킴에도 불구하고 단기적으로는 탁월한 효과를 내는 데 있다. 최근 브랜드를 확장하면서 초점을 잃은 브랜드는 포르셰Porshe에서 생산된 SUV 차종 카이엔Cayenne이다. 한 번의 잘못된 정책으로 포르셰는 클래식 스포츠카 제조사로서의 명성을 잃게 되었다. 그들은 카이엔이 포르셰 혁신의 한 예라고 주장한다. 하지만 포르셰 팬들은 카이엔을 정체된 시장에서 이익을 내기 위한 방편이라고 말할 것이다. 물론 어떤 사람들은 카이엔을 혁신적인 제품이라고 할지도 모른다. 그러나 포르셰가 SUV라는 차종을 처음으로 개발했는가? 결국 사람들은 포르셰가 탐욕스럽게 수익만을 추구했다고 생각할 것이다. 특히 포르셰가 이미 고수익을 내는 브랜드라는 것을 안다면 말이다. 새로운 차종은 자연스럽게 팔릴 것이다. 카이엔은 포르셰의 라인 확장을 통해 포르셰의 위엄 있고 추앙 받는 스타일과 엔지니어링 등의 계보를 갖고 있다. 하지만 문제는 이제 포르셰가 대표하는 것은 무엇인가 하는 점이다.

가장 좋은 시절에도 초점의 원칙을 지키기 위해서는 충실하고 결단력 있어야 한다. 더욱이 기업 주주들의 기대, 정쟁, 예상치 못한 경쟁, 경영진의 교체 등 다른 많은 압력이 있을 때면 시장에서 자신의 위치를 잃는 대가를 치를 수 있음에도 불구하고 한숨 돌리기 위한 단기적인 처방으로 제품 라인을 확장하려는 유혹에 빠진다. 하지만 저지하고 견뎌야 한다.

브랜드가 장기적으로 살아남기 위해서는 차별화될 수 있는 것에 초점을 맞추어야 하기 때문이다. 포지셔닝 전문가 잭 트라우트Jack Trout는 이와 관련하여 "차별화를 하거나 죽음을 택하라"고 간단명료하게 말한다.

굿 그립(1989)년도 설립)도 독스사의 주방, 가정용품 브랜드_옮긴이) 주)은
초점을 유지한 브랜드 확장으로
더욱더 강력한 브랜드가 되었다.

DISCIPLINE 2 : 협 력 하 기 COLLABORATE

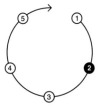

하나의 브랜드를 만들기 위해서는 마을이 필요하다

제인 제이콥스Jane Jacobs는 그녀의 저서인『경제학의 본질The Nature Of Economics』에서 경제의 발전은 단지 확장만 의미하는 것이 아니라, 보편적인 것에서 분화되어 나와 차별화되는 것이고, 이는 자연법칙의 진화론이나 생태학적 발전론과 유사하다고 기술했다. 더욱이 그녀는 자연이나 경제를 포함하여 모든 것은 격리된 환경에서 진화하지 않으며, 차별화는 협동으로 만들어진다고 했다.

브랜드 또한 격리된 환경에서 혼자 발전하지 않는다. 브랜드는 오랜 기간에 걸친 수많은 사람들과의 상호 작용의 결과이다. 브랜딩은 브랜드를 관리하는 중역이나 마케터들의 노력뿐만 아니라, 경영 컨설턴트, 디자인 스튜디오, 광고 대행사, 리서치 회사, PR 회사, 공업 디자이너, 환경 디자이너 등 수많은 사람들의 지속적인 노력이 필요하다. 또한 종업원들과 협력업체들, 물류 관계자들, 주주나 고객 등 모든 브랜딩 공동체 일원들의 헌신이 필요하다. 브랜드를 만드는 데에는 하나의 마을이 필요하다.

오늘날 브랜드를 만드는 것은 르네상스 시대에 대성당을 건축하는 것과 흡사하다. 거대한 건축물을 완성하기 위해 수많은 장인들은 세대를 뛰어넘는 오랜 시간 동안 작업했다. 장인들은 항상 전체적인 효과를 생각하면서 조각하고, 창문을 만들고, 프레스코 벽화를 그리고, 돔을 만드는 등 각자 자신이 맡은 분야의 일을 함으로써 전체 작업 공정에 기여했다. 과거의 대성당 프로젝트가 그러했듯 오늘날 많은 브랜드 또한 너무 광범위하고 복잡해서 한 사람이나 한 부서에서 관리할 수 없다. 효과적인 관리를 위해서는 아이디어를 서로 공유하며 크리에이티브 네트워크를 통합, 조정하는 전문가들로 구성된 팀이 필요하다.

경영학의 권위자인 피터 드러커Peter Drucker 교수는 오늘날 경영에서 가장 중요한 변화는 '주인의식ownership'에서 '협동정신partnership'으로, '개인적인 직무individual tasks'에서 '협력적인 직무collaboration'로의 변화라고 주장했다. 그는 성공적인 기업은 인재를 많이 채용하고 있는 회사가 아니라 인재들이 조화롭게 일하도록 하는 회사라고 말했다. 이러한 새로운 변화에 대해 브랜드 관리자나 커뮤니케이션 전문회사들은 여러 가지 흥미로운 방법으로 대응하고 있다.

대성당을 건축하는 것과 같이
브랜드를
만드는 데도
공동의 노력이 필요하다.

새로운 협력체들

오늘날 브랜드 협력 관계를 관리하는 방법에는 모든 일을 처리할 수 있는 한곳으로의 외주, 브랜드 에이전시를 통한 외주, 사내 통합 마케팅 팀을 이용한 책임 관리 등 세 가지 기본 모델이 있다. 이 모델들은 브랜드를 네트워크 활동으로 인식하고 있기에 공히 오늘날의 변화에 대한 진보적인 대응책이라고 할 수 있다. 그렇다면 지금부터 이 모델들을 하나씩 살펴보도록 하자.

첫 번째 모델은 모든 일을 처리할 수 있는 한곳에 외주를 주는, 원스톱 숍One-stop shop 모델이다. 이는 20세기 초 기업들이 브랜드 관리를 위해 대부분의 커뮤니케이션 활동을 광고 대행사 같은 한 회사에 지속적으로 의뢰하던 방법에 기원을 두고 있다. 광고 대행사는 조사를 실시하고 전략 개발, 캠페인 개발, 이에 대한 결과의 측정 등 모든 업무를 수행한다. 이 모델의 가장 큰 장점은 효율성이다. 왜냐하면 클라이언트 측에서 한 사람이 브랜드와 관련된 모든 일을 관장할 수 있기 때문이다. 하지만 브랜딩 업무가 더욱 복잡해지면서 원스톱 모델 또한 매우 복잡해졌다.

기 업

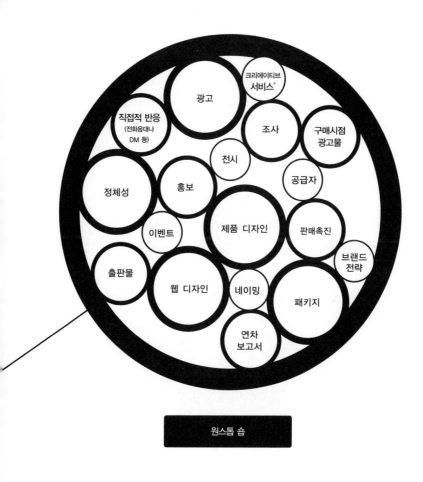

크리에이티브
서비스*

광고

직접적 반응
(전화응대나
DM 등)

조사

구매시점
광고물

전시

정체성

홍보

공급자

이벤트

제품 디자인

판매촉진

출판물

브랜드
전략

웹 디자인

네이밍

패키지

연차
보고서

원스톱 숍

* 광고나 디자인 분야에서 문안 작성 등의 제작과 관련된 일련의 활동. _ 옮긴이 주

오늘날의 원스톱 숍은 다양한 일을 하는 회사이거나, 혹은 여러 전문 회사들을 거느리고 있는 지주회사의 형태로 다양한 매체를 통합할 수 있고 클라이언트 측에서 관리가 용이하다. 반면에 단점은 모든 분야의 서비스가 각 분야의 최고 전문 회사들이 아닌 경우가 많고, 사실상 브랜드와 관련된 중요한 책임과 권한을 원스톱 숍에 넘긴다는 점이다.

두 번째 모델인 브랜드 에이전시는 일종의 원스톱 숍 모델의 변형이다. 이 모델에서 클라이언트는 주도급 회사로 광고 대행사나 디자인 스튜디오, PR 회사, 경영 컨설턴트 혹은 그 외의 브랜드 관련 회사를 선정하게 된다. 주도급 회사는 클라이언트를 도와 필요한 각 분야의 전문 회사들을 선정하고 조직하고 브랜드 프로젝트를 선도해 나가며, 때로는 다른 전문 회사들에 직접 재용역을 주는 주 계약자의 역할을 하기도 한다. 이 모델의 장점은 다양한 매체의 메시지를 통합할 수 있으며, 각 분야에서 가장 전문적인 회사들과 함께 일할 수 있는 자유가 있다는 것이다. 단점이라면, 브랜드 관련 책임과 권한이 클라이언트 측보다는 브랜드 에이전시에 여전히 많다는 점이다.

기업

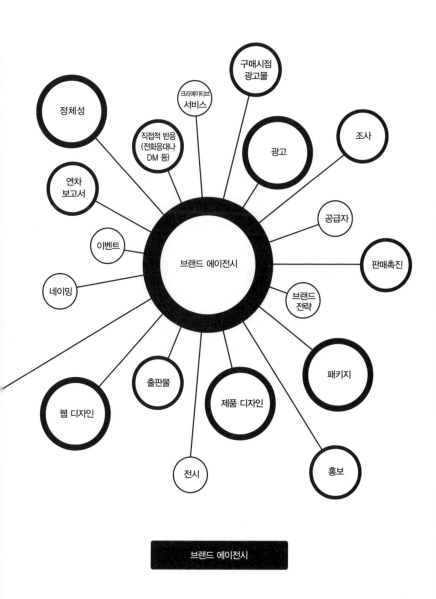

브랜드 에이전시

세 번째 모델인 통합 마케팅 팀은 전통적인 외주 방식 모델과는 조금 다르다. 이 모델에서는 브랜딩을 기업 내부에서 통제, 조절해야 하는 지속적인 네트워크 작업으로 간주한다. 통합 마케팅 팀 모델에서는 사내 마케팅 요원들과 함께 가상의 드림 팀을 이루어 함께 일할 각 부문의 최고 전문가들을 선택한다. 그러고 나서 이 가상의 드림 팀은 사내의 디자인 매니저로부터 지시를 받는다. 이 모델은 각 매체의 메시지를 통합할 수 있고, 각 부문의 최고 전문가들과 일할 수 있다. 특히 사내에서 책임과 권한을 갖고 일할 수 있는 장점이 중요하다. 왜냐하면 일을 통해 축적되는 브랜드 관련 지식들이 최종적으로 일한 회사와 함께 회전문을 통해 사라지지 않고 기업의 지식으로 남게 되기 때문이다. 반면 이 모델의 단점은 운영을 위해서 강력한 내부 조직이 필요하다는 것이다.

물론 위의 세 가지 모델들이 이론상으로는 간단해 보이지만 실제로는 상당히 복잡하다. 기업들은 새로운 협력 패러다임의 변화 속에서 세 가지 모델의 여러 장점과 단점을 취사선택하여 자신들에 맞는 새로운 조직을 도입하고 있다. 하지만 여전히 많은 기업들은 변혁이 진행되고 있는 것을 인식하지 못한 채 시대에 뒤떨어져 있다.

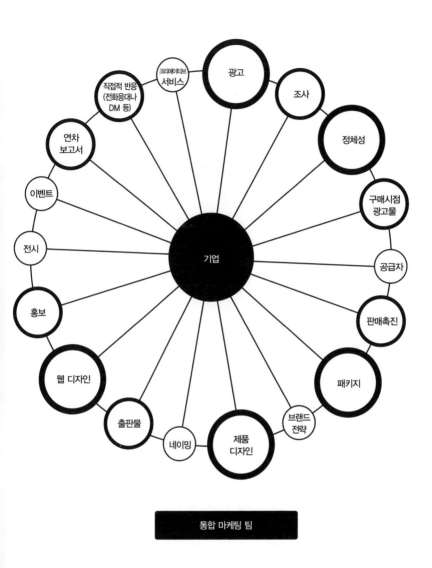

크리에이티브
서비스

광고

조사

직접적 반응
(전화응대나
DM 등)

정체성

연차
보고서

구매시점
광고물

이벤트

기업

공급자

전시

판매촉진

홍보

패키지

웹 디자인

브랜드
전략

출판물

제품
디자인

네이밍

통합 마케팅 팀

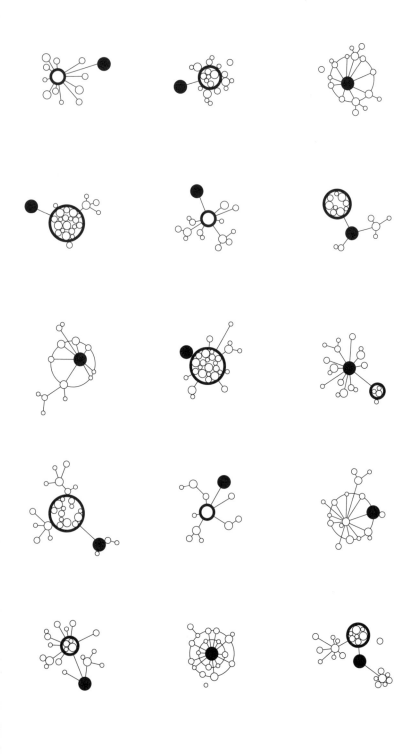

어떤 프레임 드러워도 전부 유사하지 않다.

할리우드 만세

최근 매킨지McKinsey 보고서에 따르면, 차세대 경제에서는 네트워크 조직이 뚜렷하게 나타날 거라고 한다. 이 네트워크 조직은 실제로는 묶이지 않은, 개별적인 기업들로 이루어진 여러 그룹들이 고객들에게 보다 나은 제품과 서비스를 제공하기 위해 가치의 연결고리를 만들어서 서로 협력해 나가는 개념을 지니고 있다. 적

Vanowen	LAWRENCE CANELL
Ajax	BILLIE JO KRAMER
Sgt. Santos	RAUL BELLAGIO
Tina	LINDA MAITLAND
Hightower	STEPHEN SKYE
Carter	JOEL DARTMOUTH
Smoocher Boy	KELLY MARTIN
Agent Sims	TREVOR CARMICHAEL
Agent Townsend	JOHN T. LANDON
Agent Kruzic	SHARON BONDLY
Dijon	PAUL DERAIN
Jean-Michel	JACQUES SOUVERAIN
Keynes	MICHAEL BRAND
Corelli	STEVEN GOLDSTEIN
Johnston	TRENT LOCKART
Billie	JACKSON BARNES
Guards	JOSEPH AKIO
	TERENCE BRADLEY
	MO DERENI
	ROBERT UNDERHILL
	KEN SILVER
Librarian	HILARY PROPRIATO
Field Officer	MICHAEL O. KELL
Bus Driver	HECTOR ABONDAS
Night Guard	NORMAN BRIER
Meter Maid	STACY BRECKSTEIN
First Detective	JOE KALEY
Second Detective	BRIAN BELSEN
Beat Cop	ABRAHAM LENDER
Parking Cop	T. T. MCBRIDE
Helicopter Pilot	VAN DERICKE
First Old Man	JOHN R. CARLSON
Second Old Man	VICTOR AMOS
Tax Collector	SEAN O'KENNA
Stunt Coordinator	JEFFREY ROCKEN
Assistant Stunt Coordinator	DARREL TOM
Stunt Doubles	Carlos
	GEOFF WRIGHT
Mariana	MARK CONTADINA
Ajax	SUE SKENNIAN
Sgt. Santos	CHARLIE MARQUETTE
Carter	VICTOR BANERAS
Smoocher Boy	F. C. CAMERON
Agent Sims	TELLIE PANOPOULIS
Agent Townsend	MARTIN AIRES
Dijon	STEFAN C. KAISER
	BILL MOORE

은 자산만으로도 협력사의 자원을 적절히 연결하여 이용하므로 많은 자본이 필요치 않고, 보다 높은 직원 대비 수익률을 창출하며, 불안정한 시장에서의 위험을 분산시킬 수 있다. 물론 이러한 네트워크 조직은 전혀 새로운 것이 아니다. 이 모델은 이미 오래전부터 있어 왔다. 바로 할리우드에서 말이다.

반 세기 전 할리우드의 주요 스튜디오들은 사운드 스테이지나 촬영 스튜디오뿐 아니라 감독, 프로듀서, 작가, 배우, 필름 현상업자, 음악 전문가, PR 전문가, 그리고 배급업자까지 소유하고 있었다. 몇몇은 자신들의 영화를 독점 상영하기 위해 극장 체인까지 만들었다. 이후 급증하는 유지 비용을 감당

JAMES PETRICKE
MARY STAUFFACHER
CORNELIA THERRIEN
RAUL VALERIA

PETE POLSON
FREDDIE STEEN
JEREMY TRICKETT
RONALD DEAVER-WEBB

ROBERT G. RUNYAN
RAY TELSON
CAB UPTON
PETER YOUNG

Hong Kong Kung Fu Team
YUAN Tiger CHU
LAM Eagle FAT CHOW
LOO San CHIU
KAI ZHANG

CHEN Dragon SEN
LEONG Lion SING HO
KIERAN MCSHANE
CHRISTOPER CHO

Associate Producers
EDWARD NEUZING
NORBERT HATHAWAY

Art Directors
HUGH LENTIVO
KASHMIR HABIB

Associate Art Director
JANICE WATKINS
FIONA TREBB
MICHAEL R. STANSS

Manners and Modes Supervisor
FRANCIE MAS

Storyboard Artists
CAREN THOMASON
MIGUEL TRASERO
FRANCES CHU
PEDRO BOGANILLO

Art Department Researcher
NUALA CORIAN

Art Department Coordinator
TRACY COLLISTON

Conceptual Designer
SERGIO MOLO

Graphics
BENJAMIN HIRASUNA

Illustrator
STEPHANIE RAND

Set Designers
GERI DEMONDE
STELLAN GRETZKE
MADELINE BARR
LANCE DUNSTABLE
MARCO DIPAOLO
DEN MCENERY

Set Decorators
LISA BARHAM
DRU LEE MANNING
CARRIE DUNE

Script Supervisor
MARIE BELLEAU

Camera Operator
PAUL POLITO

Steadycam Operator
ROCK HANDLER

1st Assistant Camera
GORDON ALBRIGHT

2nd Assistant Camera
CRIS MORTEN

Still Photographer
BARRIE M. HORST

Sound Recordist
JACOB TREIB

Boom Operators
HORACE STEIN
THOM CARRABINE

Video Operator
ART KELLEHER

Property Master
LUCIANO PROPRIO

Props
DAVID BELL

하기 위해 수많은 비슷비슷한 영화를 만들어내면서 영화 제작은 숙련된 작업에서 일반 작업이 되었다. 독립영화 제작사들은 어떻게 하면 적은 필름과 적은 예산으로 새로운 고품질의 영화를 제작해서 거대한 영화 제작사들을 피해갈 수 있는지 곧 알게 되었다.

그리고 곧 대형 스튜디오들은 작은 스튜디오들로부터 제작의 노하우를 배워, 수직으로 연결된 자신들의 회사들을 해체하기 시작했다. 기업의 구조를 네트워크 모델로 바꿈으로써 대형 스튜디오들은 각 프로젝트마다 최고의 재능을 지닌 사람들을 고용할 수 있게 되었고, 그럼으로써 독특한 영화 제작이

Script Supervisor	CARRIE DUNE
Camera Operator	MARIE BELLEAU
Steadycam Operator	PAUL POLITO
1st Assistant Camera	ROCK HANDLER
2nd Assistant Camera	GORDON ALBRIGHT
Still Photographer	CRIS MORTEN
Sound Recordist	BARRIE M. HORST
Boom Operators	JACOB TREIB
	HORACE STEIN
	THOM CARRABINE
Video Operator	ART KELLEHER
Property Master	LUCIANO PROPRIO
Props	DAVID BELL
	ZUZU MANHEIM
	KAREN CAROLUS
Action Vehicle Coordinators	J. D. WHEATLY
Gaffer	WILLIAM TREVANT
STEVE VACCARO	STU JEFFERSON
Best Boy	JOSH KNIPPLE
Rigged Gaffers	COLIN FARRINGDON
	PETER STANISLOV
	KIT GOINES
	BENNIE JAMESON
	RICK DEMIS
	STANLEY FREY
	G. G. NEWMAN
Key Grip	DAVID WEINBERG
Head Grip	RICKY MONROE
Dolly Grips	WILLI STRASBURG
	STAN BENTON
	CHARLES CRIVORN
	NORM LOFGREN
	VIC DOLAN
	GIORGIO VIVATO
Rigging Grip	TEL STEPHENOPOLIS
Make-up Artists	TRINI GONZALEZ
	MARCI STEIN
	BELINDA MCNAIR
	CARI DUNN
	MICHELLE TONAS
	ROBERTO BELLINI
	TRICIA RARIO
	DENICE LAUREN
	KELLY TURNSTON
	BRIE THOMAS
	JAN CHRISTIANSEN
	TINA CRAMM
	KIM TREBBIANTE
	SUSU BREEN

가능해졌으며, 불필요한 유지 비용을 없애게 되었다. 그들은 일반화되는 경향을 바꾸면서 유럽의 대성당 건축을 통해 성장한 많은 장인들처럼, 영화 관련 예술가 집단의 성장을 도왔다. 할리우드의 전문가들은 대성당의 장인들처럼 자기 자신을 단순한 기술자라고 생각하지 않고 창의적인 네트워크에서 일하는 장인이라고 생각하기 시작했다.

물론 할리우드만 독특한 것은 아니다. 단지 다른 산업 분야보다 조금 더 발전했을 뿐이다. 1980년대 실리콘 밸리도 일본 기업이 그들 제품의 주요 특징을 복제하고 가격을

인하하면서 마이크로칩 관련 프랜차이즈로부터 손을 떼겠다고 위협했을 때 유사한 상황에 직면했었다. 그러나 실리콘밸리의 기업들은 보다 앞선 시스템과 부품들을 생산하여 유사품을 만드는 기업보다 진보된 열린 협력의 가치를 발견하게 되었다.

1990년대 중반에 나는 넷스케이프Netscape 네

Assistant Hairdresser	SEAN BRECK
Costume Supervisor	HELENA TRYON
Costumers	NICK HOLMSBY
	TERA SYLVESTER
	RICARDO CELLINI
	MARGARET ROE
	THEODOR IVAN
	MARY TEMORRAS
	JULIE TRAIN
	MICHELLE TUROW
	LANA BARNET
	SERINA KIM
	CHARLESSE ORION
	MILDRED SOO
Eyeware Designed by	MARIO SAMATA OF BEVERLY HILLS
Footwear Designed by	FLEETFOOT
1st Assistant Editor	CATHERINE ALBRIGHT
	JON HAMPTON
	TREY BELLINGHAM
Assistant Editors	TIM CAPSTAIN
	MARSHA MOLINA
	KEVIN BONNE
	CHEE R. CONISTA
Visual Effects Editor	MARVIN MANLY
Assistant Visual Effects Editors	JASON TELEQUINTA
	ALLEN FORTH
	JENNIFER DRIVEN
Sound Effects Editors	BEVERLY QUAID
	TIMOTHY BELTRAND
	DAVID DAVIDIAN
	GARY METHIN
Dialogue Editors	ELIZABETH ANDIX
	MARGERY HELSYTH
Foley Editors	THOM HANSEN
	CHARLES SANTINI
1st Assistant Sound Editor	HENRY B. TENNYSON
Assistant Sound Editors	VICTOR SOREL
	FRANK TELURIDE
	STEVEN MARTENSEN
ADR Mixer	STOCKARD BRIEL
Foley Mixers	KENNETH CASTLE
	JONATHAN HARKEN
Foley Artists	TRICIA PAINE
	MARISSA DAIGLIESH
	GEORGIA FONTAIS
	BILL TAMARA
	STEFAN GRIESTEN
Re-recording Mixers	JACK HANIGAN

비게이터, 그리고 관련 제품과 서비스의 출시를 준비하는 슈퍼 팀의 한 멤버로 일하는 행운을 갖게 되었다. 나는 네비게이터의 아이콘과 패키지 디자인을 개발하였고, 광고 대행사, 웹 디자인 회사, PR 회사, 전시 디자인 회사 등은 아주 짧은 시간 내에 제품을 출시하기 위해 각자 자신들의 분야에서 열심히 일했다. 이렇게 여러 회사들이 하나의 프로젝트를 위하여 함께 일함으로써 협력을 통한 업무 진행이 어떻게 품질뿐 아니라 속도까지 해결해 주는가를 보여 주었다.

넷스케이프사는 1994년에 설립되었고 1995년에 상장되었으며, 1999년에 AOL에 흡수되었다. 이 짧은 기간 동안 넷스케이프는 무려 열두 개가 넘는 제품을 출시했고 컴퓨터 산업의 방향을 바꾸었다.

할리우드 모델 덕분에 디자인 매니저들은 최

REGULAR KLINE
MATTIE BOK
KEITH BRELLIG
LANA KARLSON
STACY AMBOGRAST
MARIA GARCIA
JEFF GIMBEL
Visual Effects Producer

ANIMAL INSTINCTS, LLC
Handler-in-Chief MASON KIMBALL
Assistant Handler MARIAN DWYER
Snake Wrangler TONY MAGGIORE
Trainers KELLIE PATRICK
DON DELILIO
SUE FRAMPTON
Veterinary Advisor DR. JANICE CRUMB

EFFEX VISUALE, LLC
Assoc SFX Supv MARTHA KLEMENT   SFX Producer UPTON BORDERS
Technology Supv SVEN PERLING   Line Producer KATHY HOWARTH
Asst Digital Coord KATRINA MOLINARI   Scene Office JOSIE NEUWIRTH
CANDIE CANE   Lead Tech Supv TONY BAGHETTI
Color and Lighting BARRY K. LATHAM   Asst Tech Supv ARTHUR WOO
ADRIAN TAROOD   Texture Painter JASON SAGMEISTER
JOHN STILL   2D/3D Paint CHRISTOPHER HYDE
Systems Manager IVAN DEVESTER   Matte Painting JANTA KHAN
Systems Admin STEVEN KELLOGG   Lead Scene Painter CHRISTA JACKET
Systems Support ANGELO FORI   Computer Paint BRAD TOMKINS
Character Animators GASTON LAPIER   FX Animator AKIO YAMADA
KERRY DEAS   2D Texture Painter BERENICE MORIO
Compositors DAVE SHELTON   2D Paint Asst STAN WEBER
KIM FORTES   Conceptual Art BONNIE CREAM
BRIARD MASORR   Editors MARGERY LENNON
GENEVIEVE MASSEAU   LISA DARMA
DENISE TRENT   KELLIE GRETSCH
Digital FX Producer JOCK ORR   MANDIE BRIGG
Digital FX Supv RICHARD FOXEN   Film Recordist HUBERT MALLE
Digital Line Producer MAIRE CONNELY   Prop Builders JASON FLAGGOT
Production Aide XAVIER LANDIT   MARK HALFRIDGE
FX Aide/Asst CANDICE FREER   STEVE SCOTT
Software Developer MAXWELL GORMON   Technical Support DELBART MINOR

ART ATTACK, INC.
Technical Supv GRETCHEN OLIN
Tech Consultant DUSTIN BORAIC
Camera PATRICK MENGES
2D Animators CECIL STINE

고 전문가들로 팀을 조직하고 그들이 효율적으로, 함께 기쁘게 일하도록 격려하며, 프로젝트 종료 후에는 팀을 해체하고, 향후 프로젝트에서 새로운 구성원으로서 재결합하는 방법을 익히게 되었다. 이런 교훈은 다른 산업에서도 눈여겨보고 있고, 곧 모든 지식 관련 사업은 어떤 형태의 할리우드 모델이라도 채택하게 될 것이다. 그리고 지금으로부터 몇 년이 지나면 많은 사람들이 거침 없이 노엘 코워드Noel Coward가 한 말에 동의할 것이다. "일하는 것은 재미있는 것보다 더 재미있다."

Sony Crew BRIAN DROON
ARMIN AKBARI

IMPLOSION, INC.
FX Producer JIM CORTELLA
Digital FX Producer SERGE KATOV
Animation Supv JENNIFER DERBY
Editorial Supervisor SUSAN BELKIN
Technology Mgr KATO MORITA
Digital FX Supv RENE BELLEUX
Computer Animation BECCA MAYFORTH
Editorial Assistant TRICIA FROME
Production Coord STEPHANIE CHEN
Dig Composite Supv TIM CURRIE
DONALD VERES
Digital Compositors DAVID HUSSEIN
BRIDGET QUESTED
FRANCESCA ROTI
Background Artists GREG STONE
WILL SUTTON
CGI Lead Animators INGE JOHANSSON
DREW CRAIN
CGI Animators URSULA BIERSCH

VISUAL LOGIC, LLC
VFX Supervisor JARED BAGMAN
Programmer KAROL CONST
System Admin RANDY HARDWICK
Production Admin MAL GERICKE
Production Aide CASS MONAHAN
Producer PATRICE ARNEM
Scene Graphics PEDRO CARILLO
CGI Artist Coord SANDY PRIESTLY
CGI Designer JOHN LANGORF
CGI Artists BRENDA CALE
MARK THOMAS
KYLE M. SULLIVAN
Compositors PATRICK MAHONEY
STAV PROMIDES
MARGRIET BILL
TANIA SHAUB
BENNET JURIAN
I/O Supervisor CHUCK TRALIK
Assorted Visual Effects PENNY GARCIA
Color Toner GRAYSON TRUE
Negative Cutter SLIM DELGADO
Titles Designed by BATOUTAHELL, INC
Opticals by PACIFIC DREAMS, LLC
Soundtrack Album on ARTISTIC RECORDS, INC.

넷스케이프 브랜드도
할리우드 모델에
근거해서 만들어졌다.

프로토타입의 효과

모든 할리우드 영화가 히트를 치는 것은 아니지만, 그렇다고 완전히 망하는 것 또한 많지 않다. 그들은 스크립트나, 스토리보드라는 프로토타입prototype을 사용함으로써, 대부분 불명예스러운 운명으로부터 구원 받는다.

스크립트는, 스토리의 프로토타입이고, 스토리보드는 프로덕션을 위한 프로토타입이다. 영화상의 모든 중요한 문제는, 프로토타입 단계에서 많은 비용이 들어가기 전에 수정할 수 있다. 스토리보드와 스크립트가 일단 승인을 받게 되면, 이것은 감독에서부터 콘티를 짜는 사람에 이르기까지, 모든 협력사가 제대로 일을 진행하도록 유지시켜 주는 기능을 한다.

물론, 브랜딩 프로젝트에서도 프로토타입을 이용한다. 스크립트 대신에 크리에이티브 브리프creative brief(클라이언트의 요구사항을 토대로 기획파트에서 연구하여 만든 전략지침서 _ 옮긴이 주)를 사용하고, 스토리보드 대신에 목업mock-up(실물크기의 모형으로 평면적인 시안이 아닌 입체적인 3D 시안 _ 옮긴이 주)이나, 시안을 사용한다. 어떠한 점이 프로토타입을 그토록 효과적이게 하는지 공업 디자인 회사인 IDEO의 톰 켈리Tom Kelly의 말을 빌리면, 프로토타입은 모든 관계자들에게 "실제에 가장 가까운 경험을 제공한다"고 한다. 브랜드 매니저로부터 디자인 인턴까지 모든 팀원들은 컨셉이 실제로 잘 운영될 수 있는지 바로 알 수 있다. 그 어떤 것도 프로토타입만큼 효과적이지 않다.

프로토타입은 또한 쓸데없는 마케팅 서류 다발을 간단히 헤치고 나갈 수 있다. 제품 특징만 나열해 놓은 서류로부터 컨셉을 만들어가는 방법 대신에 팀원들은 바로 컨셉을 만들 수 있다. 그리고 필요하다면 그 컨셉에 필요한 특징만 추가하면 된다. 그리고 만일 그 컨셉이 성공적이지 못할 것 같다면? 뭐가 걱정인가 단지 컨셉일 뿐인데. 다시 시작해서 새로운 컨셉을 만들면 된다.

브랜드란 제품과 서비스, 혹은 기업에 대해 갖고 있는 한 개인의 느낌이기에, 그것만이 가장 빠르게 그곳에 도착할 수 있는 길이다. 프로토타입은, 우뇌가 마술을 발휘하기 위한 풍부한 공간을 제공하면서 협력을 통해 아이디어를 발전시킬 수 있는 놀이 공간을 만들어준다.

1+1

=11

협력의 수학적 원리는
마술과도 같다.

DISCIPLINE 3 : 혁 신 하 기 INNOVATE

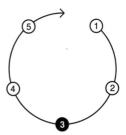

타이어와 도로가 만나는 곳

좋은 전략과 나쁜 제작의 조합은 마치 페라리 스포츠카에 펑크 난 타이어를 장착하는 것과 같다. 설계상으로는 훌륭해 보이지만 실제 도로에서는 잘 달릴 수 없다. 오늘날 적어도 반 이상의 브랜드 커뮤니케이션이 바로 이러한 상황에 처해 있다. 이 말을 무턱대고 믿지 말고 당신이 좋아하는 잡지를 골라 광고를 살펴보라. 실제 당신의 마음에 와닿는 광고가 몇 개나 있는가? 내일도 기억할 수 있는 광고가 몇 개나 있는가? 그런 광고가 없다면 아마도 그 이유는 전략이 아니라 제작상의 문제일 것이다. 크리에이티브라고 하는 제작은 브랜딩 믹스branding mix(브랜딩 목표를 이루기 위하여 제품이나 서비스, 패키지, 광고, PR 등의 활동을 조직하고 시행하는 것 _ 옮긴이 주)를 조절하는 데 있어 가장 어려운 부분이다. 고객의 열정에 불을 지피는 것은 논리가 아니라 마술이다.

크리에이티브 문화는 이성적 사고의 멋진 힘을 발견한 계몽시대로 거슬러 올라간다. 이 운동은 너무나 성공적이어서 이성적 사고만이 신뢰할 수 있는 유일한 사고가 되었다. 하지만 이성적인 것을 여전히 중요하게 여김에도 불구하고 우리는 모든 일을 논리적으로 하진 않는다. 가장 훌륭한 생각은 비논리적인 직관이나 통찰력에 좀더 의존한다. 그런 점은 왜 논리적인 논쟁이 사람들을 납득시키지 못하는지 설명해 준다.

벤자민 프랭클린은 계몽시대의 사람이었지만 직관과 통찰력을 함께 보여주었다. 그는 "설득하고 싶다면 이성적으로 말하지 말고 흥미롭게 말하라"고 조언했다.

　　　혁신은 창의성을 필요로 하고 창의성은 많은 기업인들을 두렵게 한다. 어떤 것이든 새롭다는 것은 해보지 않은 것이고 따라서 안전하지 못하다. 그러나 경영진들에게 어디에서 가장 오래 지속될 수 있는 경쟁적 우위를 찾을 수 있을 것인가를 묻는다면 물론 '혁신'이라고 답할 것이다. 왜냐하면 혁신이란 좋은 디자인과 좋은 경영의 핵심이기 때문이다. 혁신은 조직 내에서의 활동을 증가시킨다. 또한 비효율적인 비용을 제거해 주고, 중복되는 것과 기업이 나태해지는 것을 막아준다. 이는 현실적이고 실용적이면서 독특한 것을 만들게 한다.

혁신이야말로 시장에서
브랜드가 매력을 가질 수 있는 힘이다.

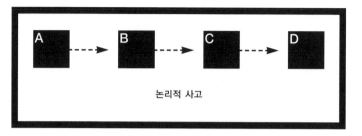

논리적 사고

모든 사람들이 우로 가면 좌로 간다

어느 산업 분야에서도 다른 존재를 따라 해서는 선두가 될 수 없다. 일반적으로 당신의 몸이 좌로 가려 할 때 우로 가는 것은 쉽지 않다. 인간은 사회적인 동물로서 집단이 하는 것을 따라 하려는 경향이 있기 때문이다.

그러나 창의성은 반대적이고 부자연스러운 행동을 필요로 한다. 독창성을 얻기 위해서는 습관적인 것과 이성적인 것의 편안함, 동료들로부터 동의를 받으려는 등의 편안한 것으로부터 벗어나 새로운 방법을 택해야 한다. 브랜딩의 세계에서 창의적이기 위해 세상에 전혀 없는 것을 새로 만들 필요는 없다. 단지 신선한 방법으로 생각하는 것이 필요하다. 이는 공업 디자이너인 레이몬드 로이Raymond Loewy(1930년대 미국에서 활동하던 프랑스 출신 산업 디자이너로 ≪라이프≫ 지가 선정한 20세기 가장 영향력 있는 100인에 포함된 디자인계의 독보적인 존재 _ 옮긴이 주)가 말한 'MAYA' (the Most Advanced Yet Acceptable Solution : 가장 앞서 있는 그러나 채택될 수 있는 해결책)를 찾아야 한다.

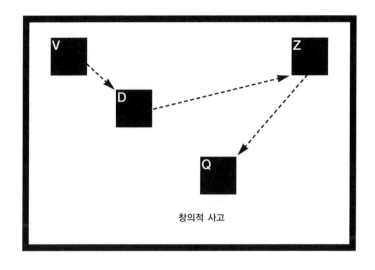

창의적 사고

     창의적인 전문가들은 'MAYA'를 넘어선다. 시장 조사 전문가들이 세상이 어떠한가를 말할 때 창의적인 사람들은 세상이 어떻게 될 수 있는가를 말한다. 그들의 사고는 가끔 너무 신선해서 우로 가야 할 때에도 좌로 가곤 한다. 그러나 신선한 사고 없이 마술이 일어날 수 있는 기회는 없다.

     효과적인 'MAYA'의 기본 원칙을 활용한 사람은 비틀즈였다. 그들은 60년대 초반 일반인들에게 쉽게 받아들여질 수 있는 음악으로 활동을 시작했다. 그리고는 혁신의 정도를 앨범을 낼 때마다 한 단계씩 높여갔다. 60년대 말 비틀즈는 팬들의 기호를 일반적인 것에서 고상한 것으로 변화시켜 갔고, 그런 가운데 문화적인 혁명을 이루어냈다. 그들의 성공 공식은 한 비평가의 의견에 따르면 '결코 같은 것을 반복하지 않는 것'이다.

AUDIENCES WANT MORE THAN LOGIC.

고객은 논리 이상의 것을 원한다.

브랜드인가, 블랜드인가

Q: 혁신적인 아이디어는 어떻게 알아볼 수 있는가?

A: 그것은 다른 모든 사람들을 놀라 자빠지게 한다.

언젠가 친구 하나가 죽음보다 더 두려운 것은 바로 멍청해지는 것이라고 말한 적이 있다. 어떤 기업은 기품 없게 보여지는 것에 대한 두려움으로 결국은 거만하고 경직되고 몰인정스러운 모습으로 변해간다. 하지만 현명한 기업은 이렇게 경직된 기업에 대항하여 그러한 기업과 반대로 나아감으로써 훨씬 눈에 띌 수 있는 좋은 기회를 갖게 된다. 1960년대 폴크스 바겐 버그Volkswagen Bug는 물질주의나 지위의 상징과는 무관한 유머 광고로 브랜드를 포지셔닝하여 인기를 끌었다. 1970년대 중반부터 환율 문제와 일본 차들과의 경쟁으로 단종하기도 했으나 1990년대 '뉴비틀'을 성공적으로 재출시하였다.

하지만 유머는 사람들을 놀라게 하는 하나의 방법에 불과하다. 대개는 남들과 달라야 한다는 용기만이 필요하다. 물론 개인은 용기에 대한 대가를 받을 수도 있지만 기업은 대부분 그렇지 않다. 일본의 샐러리맨들 사이에는 '튀어나온 못이 망치질당한다' 는 잘 알려진 속담이 있다. 미국 기업들도 '배를 흔들지 마라' 는 비슷한 말이 있다. 머리를 바짝 숙이고 있으면 적어도 붙어 있을 수는 있을 테니 사람들이 새로운 아이디어를 제시하는 것을 두려워할 만하다. 그렇다면 어디에서 혁신이 일어나겠는가. 아마 외부 사람, 혹은 내부에서 외부 사람들처럼 생각하는 사람들로부터 나올 가능성이 높을 것이다.

튀어나온 못이 용감한 못이다.

최근의 이상한 이름들

Agilent, Agilis, Ajilon, Agere, Advantix, Advantis, Adventis, Advanta, Actuant, Equant, Guidant, Reliant, Prodigy, Certegy, Centegy, Tality. 왜 비슷한 발음의 이름들이 이토록 많을까? 간단히 말하면 대부분의 좋은 이름들은 이미 사용되고 있기 때문이다. 한편, 창업 열풍과 인터넷 URL의 홍수 속에서 기업들이 사용할 수 있는 이름을 찾는 것이 매우 어려워지고 있기 때문이다. 최근의 네이밍 경향은 야후, 구글, 패트플래시 FatSplash, 잼크래커 Jamcracker 등과 같이 품위 있고 정통적인 브랜드 명의 개념을 넘어서고 있는 이름들이 등장하고 있다. 이러한 이름들이 어디까지 가야 멈추게 될까?

아마도 계속될 것이다. 좋은 이름의 필요성은 소비자로부터 시작된다. 그리고 소비자는 항상 제품을 쉽게 알아볼 수 있고 기억하기 쉬우며, 논의하고, 비교할 수 있는 편한 방법을 원한다. 적합한 이름은 제품을 차별화하고, 수용성을 증가시키는, 브랜드에서 가장 중요한 자산이 될 수 있다. 적절치 않은 이름은 시작부터 수백만, 아니 수천만 달러의 비용이 들어갈 수 있고, 브랜드가 지속되는 동안 많은 수익을 잃게 될 수 있다. "잘 태어날 수 있도록 보살펴야 한다" 라는 조지 버나드 쇼 George Bernard Shaw의 조언은 사람뿐 아니라 브랜드에도 적용된다.

물론 어떤 이름은 만들어지지 않고 오히려 물려 받는다. 물려 받은 이름의 좋은 예는 마케팅 전문가들이 종종 나쁜 이름을 교묘히 돌려서 활용한 예로 인용하는 스머커스 Smuckers(1752년 스위스에서 미국으로 이민 온 창립자의 조상인 크리스찬 스머커의 성에서 유래한 이름 _ 옮긴이 주)를 들 수 있다. "스머커스 같은 이름의 회사가 만든 제품이라면 좋을 수밖에 없다"는 슬로건은 잘 알려져 있다. 스머커스는 애초부터 독특하고, 짧고, 의미가 분명하며, 발음이 용이하고, 호감을 느끼게 하고, 보호될 수 있는 좋은 이름이었다. 여기에 회사가 이름을 약간 바보스럽게 표현함으로써 스머커스는 의성어로도 많은 이익을 얻었다. 스머커스는 맛있는 잼을 보고 입맛을 다시는 소리처럼 들린다.

"스머커스 같은 이름의 회사가 만든
제품이라면 **좋아야만** 할 것이다."
– 레드 스켈톤 Red Skelton

이와 비슷한 예로 광학렌즈를 제조하는 칼 자이츠Carl Zeiss(1846년에 광학, 정밀 기계 전문회사로 시작한 창업주 칼 자이츠의 이름을 따름 _ 옮긴이 주)가 있다. 자이츠가 좋은 렌즈를 만드는지는 아무도 모른다. 그러나 자이츠라는 이름은 좋은 렌즈를 연상하게 한다. 자이츠라는 단어는 '유리glass'와 '정밀precise'이라는 단어를 연상하게 하고 독일의 우수한 기술을 떠올리게 한다. 따라서 이 훌륭한 이름은 브랜드를 손상시키지 않고 최고급 선글라스나 다른 정밀 제품까지 브랜드를 연장할 수 있게 한다.

일반적으로 말하자면, 이미지 연상력이 풍부한 이름이 그렇지 않은 이름보다 기억하기 쉽다. 그리스어나 라틴어 어원으로 만든 이름들은 대개 이미지 연상력이 낮은 편이다(Accenture나 Innoveda가 떠오른다). 반면 앵글로색슨 계통의 단어나, 사람 이름을 사용한 브랜드 명은 이미지 연상력이 높은 편이다. 애플사나 베티 크로커Betty Crocker를 생각해 보라. 강력한 몇 개의 브랜드 명은 기억하기 쉽고 잊혀지지 않는 브랜드 아이콘으로서 시각적인 처리도 잘 되어 있다.

좋은 브랜드 명을 위한 7가지 기준

1 차별성 : 복잡한 곳에서도 두드러져 보이는가? 특히 같은 부문의 경쟁자들로 가득 차 있는 곳에서도 확실히 눈에 띄는가? 또한 일반적인 글이나 말과 충분히 차별되는가? 가장 좋은 브랜드명은 고유 명사를 포함하고 있다.

2 간결성 : 쉽게 기억하고 사용될 수 있도록 간결한가? 줄여서 별칭으로 사용되지 않도록 할 수 있는가? 길고, 여러 단어를 사용한 이름은 곧 커뮤니케이션이 되지 않는 이니셜로 줄게 된다.

3 적절성 : 계획하는 사업 분야에 잘 맞는가? 만일 다른 사업 분야에도 잘 적용되거나 혹은 더 잘 어울린다면, 계속 다른 이름을 찾아보아라.

4 철자와 발음의 용이성 : 대부분의 사람이 이름을 듣고 난 후 철자를 알 수 있는가? 적힌 이름을 보고 발음할 수 있는가? 이름이 철자법 시험을 보듯 어렵다면, 사람들은 자신이 무시당한다고 생각하게 된다.

5 호감성 : 사용하면서 좋아하게 되는 이름인가? 지적인 자극을 주거나, 입 안에서 좋은 느낌을 주는 이름은 그렇지 않은 이름에 비해 호감을 준다.

6 확장성 : 시각적으로 해석할 수 있는 여지가 있거나, 이름을 활용하여 다양하게 창의적으로 제작할 수 있는 가능성을 제공하는가? 훌륭한 이름은 브랜드에 활용될 수 있는 끝없는 기회를 제공한다.

7 보호성 : 등록 상표가 될 수 있는 이름인가? 또한 웹에서도 사용 가능한가? 많은 이름들이 상표가 될 수 있지만 어떤 이름은 다른 이름보다 좀더 보호될 수 있는 가능성이 높으며, 따라서 장기적으로 보다 안전하고 가치가 높다.

아바타는 로고의 주변을
둥글게 돈다.

아이콘과 아바타

브랜드 아이콘은 시장에서 자신의 위치를 알리는 이름이자 시각적 상징물이다. 아바타는 아이콘 중에서 움직이거나, 다른 것으로 변하거나, 혹은 그 밖에 브랜드 자아를 변경하기 위해 자유롭게 이용되는 것을 말한다. 아이콘은 쉘Shell, 아바타는 싱귤러Cingular를 생각하면 이해가 쉬울 것이다. 아이콘은 AT&T사가 TV 광고에서 선으로 된 지구 모습의 아이콘을 애니메이션 처리했듯이 가끔은 아바타로 업그레이드될 수도 있다.

로고는 죽었다. 이제 영원한 것은 아이콘과 아바타이다. 왜냐하면 로고란 우리가 알고 있듯이 로고타입, 모노그램, 추상 심볼 같은 평면적인 상표이고 이는 인쇄 시대와 매스커뮤니케이션 시대의 부산물이기 때문이다. 이들은 브랜드를 차별화하려는 의도보다는 아이덴티티를 나타내기 위한 방편으로 진화되어 왔다. 오늘날 마케터들은 브랜딩이 뭐든 움직이는 것에 상표를 도장 찍듯이 사용하는 것이 아니라는 것을 깨닫고 있다.

브랜딩은 기업과 이를 이루는 모든 요인들과의 관계를 관리하는 것이고, 다양한 채널을 통해 많은 사람들과의 대화를 관리하는 것이다. 인쇄 매체가 여전히 존재하고 주요 부분을 차지하기는 하지만 우리에게는 인터넷, TV, 텔레마케팅뿐 아니라, 이벤트를 실행하는 많은 매체들이 있다. 아이콘이나 아바타는 인쇄된 지면을 넘어 사람들이 있는 어디에서나 그들과 상호작용하면서 새로운 현실에 대응하고 있다.

아리스토텔레스는 타고난 브랜드 전문가였다. 그는 인식이란 눈에서 시작되고, 최고가 되는 것은 은유의 대가가 되는 것이라고 믿었다.

이러한 두 원칙이 브랜드 아이콘 개발의 기본이다. 인지 과학자들은 뇌의 반 이상이 시각 구조 시스템을 위해 존재한다고 하는데, 바로 이러한 점이 상표가 좀더 시각적이어야 한다는 주장에 힘을 더해 준다. 물론 그 밖에 후각, 미각, 촉각, 청각 등의 다른 감각 기관도 상표에 중요한 역할을 한다. 예를 들면 청각적 기능이 강조된 아이콘은 종종 'Earcon'이라고 불리기도 한다. UA 항공은 명곡 〈랩소디 인 블루〉와 연관되어 있고, 인텔 인사이드Intel Inside는 "땅" 하는 소리가 없다면 기억하기 쉽지 않을 것이다.

유나이티드를 떠올리지 않으면서 〈랩소디 인 블루〉를 들을 수 있을까?

적절히 표현된다면 아이콘은 의미의 저장고가 된다. 그러한 아이콘은 경쟁자와 완전히 차별되는 특성을 만드는 기본 물질인 브랜드 DNA를 품고 있다. 아이콘 속에 저장된 의미는 언제든지 자유롭게 꺼내어 광고에서 사인까지, 웹 디자인에서 트레이드 쇼 부스 디자인까지, 패키지 디자인에서 제품 그 자체까지 모든 브랜드 커뮤니케이션과 함께 사용될 수 있다. 더 나아가 아바타는 계속되는 브랜드 이야기 속의 상징적인 배우가 되어 좀더 광범위하게 사용될 수 있다. 상표가 2차원적인 평면에서 3차원적인 입체가 되었다가 점차 4차원으로 되어감에 따라 기존의 로고 스타일은 옛날 광택 사진 같이 구식으로 보이기 시작할 것이다.

패키지는 브랜딩이다

종종 브랜드 관련 책들은 패키지의 중요성을 무시하는 실수를 저지르곤 한다. 하지만 많은 제품들의 경우 패키지는 곧 브랜딩이다. 이는 또한 계산대에서 예상 고객을 자신의 편으로 이끄는 마지막이자 최고의 기회라고 할 수 있다.

슈퍼마켓과 같은 몇몇 소매점에서 패키지는 같은 종류의 제품을 구매하려는 사람들과 마주칠 가능성이 아주 크다. 몇 초 혹은 소중한 몇 분 동안 구매자들은 패캐지를 통해 브랜드 간의 차이점을 주의 깊게 살펴본다. 이때 경쟁 브랜드의 패키지가 구매자의 눈길을 끌면, 구매하려고 생각했던 제품이 갑자기 뒷전으로 밀리면서 광고에 대한 기억도 뒷전으로 밀려난다. 이것이 브랜딩 모먼트 branding moment(고객이 다양한 브랜드 중에서 어떤 특정 브랜드를 선택하게 되는 상태 _ 옮긴이 주)이다.

소매 관련 브랜드 매니저들은 마케팅 예산의 많은 부분을 패키지 디자인에 사용한다. 왜냐하면 패키지 디자인이 광고나 프로모션, 각종 홍보보다 훨씬 더 투자 대비 효과가 높기 때문이다. 많은 소매 제품들의 경우 패키지는 판매를 도울 뿐 아니라 브랜드에 중대한 영향을 준다. 왜냐하면 제품을 사용해 본 경험이 바로 고객의 충성도를 높이는 데 가장 중요한 기초가 되기 때문이다.

마케터들은 이러한 사실을 잘 알고 있지만, 어떤 점이 그런 효과를 발휘하게 하는지는 확신하지 못하고 있다. 정확히 어떻게 판매 현장에서 한 패키지가 다른 패키지를 이기게 되는지, 어느만큼의 논리적인 면과 마술적인 면이 성공의 요인인지, 과학적인 면과 예술적인 면 둘 중에 어느 것이 중요한지 확신할 수 없다. 물론 그 답은 당신이 생각하듯 둘 다이다.

하지만 대개의 마케터들은 좌뇌 사고를 선호하기 때문에 패키지를 제작할 때 사실과 정보에 많은 중점을 두고 있는 반면, 소비자들이 가장 원하는 감성적인 것에는 별로 중점을 두지 않는다. 따라서 패키지에서는 소비자들이 정말 원하는 감성적인 부분보다는 내가 인터뷰한 한 구매자의 지적처럼 "과학이라는 미명으로 포장된 무의미한 말"인 제품의 기능과 혜택에 관련된 것만 보게 된다.

하지만 감성적인 패키지를 만들기 전에 당신의 제품 분야에서 소비자가 제품을 어떤 순서로 자연스럽게 인지하는지 이해할 필요가 있다. 고객들은 각 제품군에 따라서 나름대로 일정한 순서에 의해 메시지를 처리한다. 따라서 순서를 무시한 메시지는 무시당하거나 아무런 도움이 안 될 수 있다.

패키지는 구매에 이르게 하는 마지막 기회이자 최고의 기회이다.

제품 인지 순서의 전형적인 예는 다음과 같다.

1) 적절한 색상, 강력한 대비, 눈을 끄는 사진, 과감한 타이포, 혹은 기타 그래픽 테크닉을 잘 적용한 패키지가 구매자의 눈길을 끈다.

2) 구매자는 마음속으로 "이게 뭘까?" 생각하며 제품 명과 분야를 살펴본다.

3) 그러고 나서 "그것이 내게 어떻다는 거지?"라는 질문을 하게 되고, 이는 매우 짧은 구매 이유의 답변이 된다.

4) 구매 이유를 좀더 확실하게 하고 지지할 수 있는 더 많은 정보에 대한 욕구가 생긴다.

5) 구매자는 마침내 최종 구매 결정을 내리기 위해 필요한 제품의 특징, 가격, 호환성, 보증관계, 수상경력, 혹은 제품의 카테고리에서 중요하게 여기는 것 등 잘 모르는 무의미한 것들을 살펴볼 준비를 한다.

이러한 정보들을 자연스러운 인지 순서대로 보여준다면 메시지의 공명 효과를 높이고 고객들과도 교감할 수 있다. 그러나 간단하게 '그것이 내게 어떻다는 거지?'를 알기 원하는 고객에게 제품의 특징만 설명하기 시작한다면 고객들에게 받아들여지는 메시지는 "우리 제품의 특징은 여러분의 관심보다 더 중요합니다"가 될 것이다. 광고의 선구자 데이비드 오길비 David Ogilvy는 광고 헤드라인에서 단어 한 개만 바꾸어도 광고의 효과를 10배나 올릴 수 있다고 자주 언급했다.

내 경험에 의하면 패키지의 인지 순서를 따르는 것과 제품의 특징을 고객의 감성과 연계하는 것만으로도 판매를 3배 이상 올릴 수 있었다.

그런데 당신의 제품이 소매상에서 판매되는 제품이 아니라면 어떻게 해야 할까? 별문제 아니다. 단지 성공적인 패키지의 원리인 명확성, 감성, 자연스러운 인지 순서 등을 모든 종류의 브랜드 디자인에 적용하면 된다. 브랜딩이란 단순히 비즈니스 아이디어를 위한 편리한 패키지이다.

당신의 웹사이트는 너무 비만해 보이지 않는가?

자연스러운 인지 순서를 가장 무시하는 매체에게 주는 상이 있다면 그 상은 누구에게 돌아갈까? 바로 인터넷이다. 우리 시대에서 가장 촉망 받는 매체로서 웹은 로케트가 발사되듯 매우 빠르게 확산되었지만 그 자체의 빽빽한 환경으로부터 벗어나지 못했다. 왜냐하면 웹은 기술적인 성과와는 달리 사용 편이성에 있어 악몽과도 같기 때문이다. 웹은 이성적 내용을 선호하는 괴짜들의 발명품으로 시작되었다. 그들은 특성에 특성을 더해 갔고, 결국은 아무 정보도 없는 히드라의 머리가 되고 말았다.

오늘날 대부분의 홈페이지들은 대비, 가독성, 속도, 그리고 인지 순서 등 시각적으로 아름답게 하는 기본

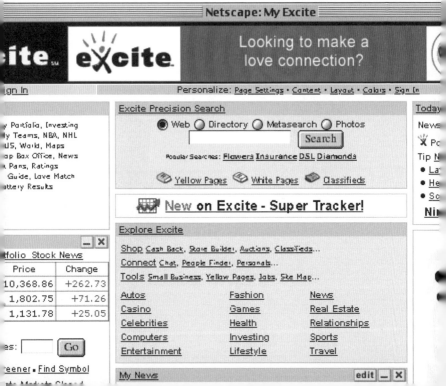

원칙을 무시하고 있다. 제대로 개발되지 않은 웹 사이트는 다루기 힘들고 혼란스러운 데이터들을 당신 앞에 밀어놓고 당신이 이를 스스로 분류하기를 기대한다. 전형적인 한 홈페이지는 손수건만한 페이지 공간에 애니메이션까지 평균 25개의 정보를 우겨넣었다.

오늘날 웹 페이지와 가장 유사한 것은 신문이다. 하지만 대부분의 홈페이지 속 뉴스 페이지는 네비게이션이 다소 쉬워 보이는 반면 미적 감각과 자연스러운 인지 개념은 아직 웹 디자인 분야에서는 정립되지 않은 듯하다.

기 쉬워 보이는가?

Netscape: Google

Google™

| Web | Images | Groups | Directory |

· Advanced S
· Preferences
· Language Tc

[Google Search] [I'm Feeling Lucky]

New! **Get the Google Search Appliance for your corporation**.

Search or read your favorite catalogs using Google.

Advertise with Us - Search Solutions - News and Resources - Jobs, Press, Cool Stuff...

©2002 Google - Searching 2,073,418,204 web pages

공정하게 말하면 신문, 책, 영화, 그리고 TV 분야에서 일하는 디자이너들은 웹 디자이너들보다 더 많은 시간을 미적인 부분을 개선하는 데 쏟아왔다. TV 쇼도 네트워크 산업이 크게 성장하고 경쟁이 심화되면서 미적인 면이 이슈가 되기 전에는 매우 진부했다. 그러나 실제로 웹 디자인의 엄청난 가능성을 방해하고 있는 보이지 않는 굴레는 무엇인가? 바로 과학기술 공포증, 무조건적인 경쟁심리, 더 많은 것을 보여주려는 욕구 세 가지가 있다.

과학기술 공포증: 새로운 기술에 대한 두려움은 많은 능력 있는 디자이너들을 웹 디자인으로부터 멀어지게 한다. 그들은 대체로 해당 매체에서 필요로 하는 기술적인 부분들을 어려워해서, 이 부분에 거의 모든 프로젝트 시간을 소비하고, 결국 미적인 부분에 필요한 시간을 갖지 못한다. 또한 여전히 제대로 교육 받은 디자이너가 없음으로 인하여 대부분의 웹 디자인은 카탈로그, 연차 보고서, 책 등의 디자인보다 미적인 수준이 낮다.

무조건적인 경쟁심리: 스크린 뒤의 정치적인 문제로, 이것은 홈페이지 이곳저곳을 임시로 끼워 맞춰놓은 것처럼 만든다. 각 부서의 매니저들은 홈페이지에서 가장 좋은 공간을 차지하기 위해 서로 다투고 있기에 사용자들은 홈페이지를 통해서 어느 부서가 힘이 있고 어느 부서가 힘이 없는지를 정확하게 알 수 있다. 홈페이지는 단순화해야 한다. 물론 별도의 비용은 쓰지 않고 말이다!

더 많은 것을 보여주려는 욕구: 더욱더 많은 것을 요구하는 전염성 있는 욕구는 CEO로부터 프로그래머에 이르기까지 모든 이들을 괴롭힌다. 특집기사나, 글, 그래픽, 애니메이션, 타 사이트와의 링크버튼, 사운드 등을 추가하고 싶은 욕망은 대부분의 사람들에게 자연스럽다. 하지만 내용을 줄일 수 있는 능력은 진정한 커뮤니케이션 전문가에게 있어 대단한 축복이다. 흔히 복잡한 화면에 대한 변명으로 '대부분의 사람들은 클릭하기를 싫어하고, 한 화면에서 선택 가능한 모든 것을 보길 원한다'고 하지만 사실 대부분의 사람들은 클릭하는 것을 좋아한다. 단지 기다리는 것을 싫어할 뿐이다. 혼란스러움, 복잡함과 함께 끝없이 기다리게 하는 것은 커뮤니케이션의 진정한 적이다. 당신의 웹 사이트를 다이어트하라. 추가하는 것이 아니라 제거하는 것이 명확한 커뮤니케이션의 타개책이다.

모든 브랜드 혁신은 웹 사이트, 패키지, 제품, 이벤트, 혹은 광고 캠페인 등 어떤 커뮤니케이션 매체이건 사용자가 긍정적인 경험을 하도록 만드는 데 초점을 맞춰야 한다. 그 비결은 계획 단계에서부터 어떤 경험이 가장 긍정적인 경험이 될 것인가를 아는 데 있다.

DISCIPLINE 4 : 타 당 성 확 인 하 기 VALIDATE

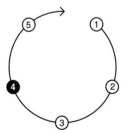

새로운 커뮤니케이션 모델

일반적인 커뮤니케이션 모델은 송신자, 메시지, 수신자 세 부분으로 구성되어 있다. 송신자(회사)는 메시지(웹, 광고, 브로슈어, DM 등)를 개발하고 수신자(소구 대상)에게 전달한다. 이렇게 함으로써 커뮤니케이션이 완료된다.

그러나 이 모델은 실제 커뮤니케이션이 대화라는 사실을 인식하지 못했다. 내가 당신에게 무언가를 말하면, 당신은 나에게 답변을 하거나 혹은 마치 잡지 광고를 읽을 때처럼 속으로 중얼거릴 수도 있다. 하지만 당신의 뇌는 종합 커뮤니케이션 시스템에 꼭 필요한 부분이다. 당신은 광고한 제품을 구매함으로써 반응하고, 나중에 사용하기 위해 마음속에 정보를 저장하거나 혹은 다른 페이지로 돌리는 것으로 반응한다. 기존의 일반적인 커뮤니케이션 모델로는 수신자가 실제 응답했는지 송신자는 알 수 없으며, 혹은 메시지의 수신자가 어떻게 반응했는지 알 수 없다.

고전적인 커뮤니케이션 모델

　　위의 커뮤니케이션 모델은 고전적이다. 오늘날 우리는 눈을 감은 채 창공을 향해 메시지를 발사하고, 표적에 맞기를 그저 손 모아 기도하듯 기다릴 수만은 없다.

　　기업들은 피드백이 필요하다. 피드백을 통하여 커뮤니케이션을 잡지가 아닌, 극장에서의 연극처럼 만들 수 있다. 우리가 무대 위에서 죽는다면 우리는 관객들의 반응을 알 수 있다. 이러한 피드백은 즉시 발생되고 모호하지 않아서 다음 연극을 시작하기 전에 적절한 변화를 줄 수 있게 한다.

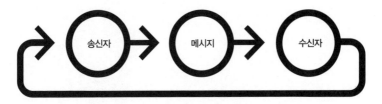

새로운 커뮤니케이션 모델

우리가 고객들에게 피드백을 요청할 때 커뮤니케이션 모델은 네 번째 요소를 갖게 된다. 송신자가 메시지를 만들고 수신자에게 전달한 후, 여기에서 멈추지 않고 수신자가 송신자에게 답변하는 것으로 커뮤니케이션은 지속된다. 피드백이 계속 순환됨으로써 커뮤니케이션은 더욱 강력해지고, 더욱더 집중적이 된다. 새로운 모델은 대변혁의 청사진이다. 이는 마케팅 커뮤니케이션을, 단순히 접촉하는 친구나 관객에서 완전한 참여자로 변화시킨다.

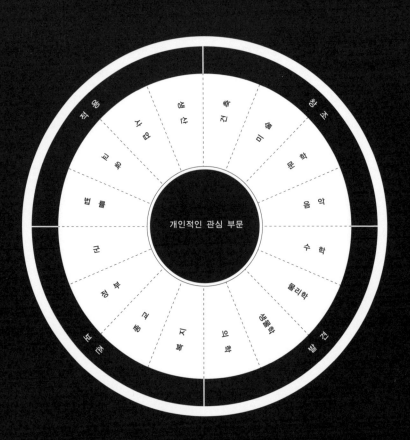

개인적인 관심 부문

사람들은 모두 다르다

우리 회사는 지난 15년간 가게별로 수백 개의 패키지 디자인에 대한 고객들의 반응을 조사한 자료를 가지고 있다. 처음으로 이 작업을 시작했을 때, 우리가 제작한 프로토타입 디자인에 대한 구매자들의 반응은 극단적이라 할 정도로 달랐다. 어떤 사람은 디자인 A를 선호하고 디자인 B에는 거부감을 느꼈다. 우리는 한 제품에 대한 고객의 인식이 서로 다르다는 것과, 디자인 선호도에 있어서도 서로 다르다는 것을 알게 되었다. 더 많은 연구 조사를 통해 구매자들은 제품을 구입할 때 사실적인 정보에 좀더 많이 의존하는 사람과 감정적인 정보에 많이 의존하는 사람 등 크게 두 가지 타입으로 나뉜다는 것을 발견했다.

마침내 우리는 조사를 통해 구매자들로부터 발견한 미묘한 차이를 다이어그램으로 만들었다. 왼쪽에 있는 다이어그램은 사람들의 직업에 대한 관심도를 바탕으로 하여, 창조, 적용, 보존, 발견 네 가지 마인드 세트로 나누어져 있다. 예를 들면, 적용 부문에 속하는 사람들은 정교하고 실제적이며 친밀한 그래픽에 끌리고, 창조 부문에 속하는 사람들은 서정적이고 추상적이며 고상한 것에 끌린다. 여기에서 흥미로운 점은, 다이어그램의 중간 부분을 반으로 나누면, 우뇌와 좌뇌의 대략적인 지도를 볼 수 있다는 것이다.

테스트란 단지 세 글자로 이루어진 단어가 아니다

불행히도 소비자 조사는 창조적인 집단에 속한 사람들로부터 비난받아 왔다. 광고 또는 디자인과 관련된 책 세 권 중 한 권에는 시장조사의 단점에 대한 내용이 있는 것 같다. 그런 관점은 창조적인 집단에 속한 사람들을 안심시킨다. 왜냐하면 그들은 책임을 자신의 예술세계가 아닌 다른 것으로 돌릴 수 있기 때문이다. 나는 창조적인 집단에 속한 사람으로서 이런 조사를 비난하는 데 진심으로 동의한다. 창조적인 집단에 속한 사람들을 두 배로 유혹하는 것은 그러한 점이 대부분 자신의 전문 분야의 수퍼 스타들에 의해 전달되기 때문이다.

수북이 쌓여 있는 조사 자료를 보거나 마케팅 연구에 대한 수많은 차트, 그래프와 심각한 숫자들을 보면, 대부분의 디자이너나 광고 크리에이터들은 리서치 회사가 페이지당 용역비를 받는다고 생각할 것이다. 우뇌를 많이 쓰는 사람들의 전형적인 반응은 그 서류들을 점잖게 들어 한쪽 귀퉁이에 밀어놓고, 창의적인 일을 시작할 것이다.

조사를 싫어하는 것은 세계에서 가장 혁신적인 회사의 회의실에도 적용된다. 소니사의 창업주인 아키오 모리타 Akio Morita 회장은 새로운 아이디어를 조사하는 것은 어리석은 짓이라고 믿었다. 그는 "우리의 목표는 일반인들을 이끄는 것이다. 그들은 무엇이 가능한지 모른다"라고 말했다.

과거 단순한 생산라인 시대에서도 자동차를 생산하려던 헨리 포드Henry Ford사의 결정은 시장조사를 통해서가 아니라 직관에 의한 것이었다. 그들은 "우리가 만일 일반인들에게 무엇을 원하냐고 물었다면 그들은 아마도 '더 빠른 말'이라고 대답했을 것이다"라고 설명했다.

혁신적인 사람들은 조사하는 것을 백미러로 미래를 계획하는 것 쯤으로 여긴다. 그들이 보기에는 너무나 많은 제품들과 메시지들이 고객의 미래가 아닌 고객의 과거를 조준하고 있다. 물론 창조성은 주관적인 것이다. 하지만 시장에 도달할 때까지만 주관적이고 그 이후에는 측정이 가능하다. 포드와 소니의 혁신은 조사가 아니라 시장 그 자체에 의해 확실히 측정되었다.

하지만 만일 당신의 가장 혁신적인 아이디어에 대한 사전 조사를 시장에 진입하기 전에 할 수 있다면 어떨까? 조사하는 것이 '바보가 되는 두려움'으로부터 유망한 아이디어를 보호하는 데 도움이 되지 않을까? 물론 그렇다. 또한 컨셉이 효과적일 거라는 것을 명백하게 입증할 수 없다 해도, 적어도 당신은 그저 직관과 상상에 의한 것을 어느 정도 체계적이고 학문적으로 만들어 당신의 협력자들이 안심하고 계속 진행할 수 있게 할 수 있다. 사업의 방향은 앞으로 나가는 것이다. 훌륭한 조사는 당신이 첫 기어를 넣고 고속도로로 나가게 해주는 최소한의 정보이다.

소비자 조사를 회피한 것이 에드젤Edsel을 실패에 이르게 했다.

소비자 그룹의 잘못된 통념

소비자 조사를 언급할 때면 언제나 소비자 그룹Focus Group을 떠올린다. 그러나 소비자 그룹에 대한 조사는 혁신을 위해 필요한 교감을 만들지 못한다. 원래 소비자 그룹은 필요한 조사를 이끌어내기 위해 고안된 것이지, 조사 그 자체를 위해 만들어진 것이 아니다. 이를 의사결정의 수단으로 사용할 때, 기업은 일반인들을 몇 명 선정해서 그들에게 전문가의 역할을 맡기고, 마치 자신을 비평가로 생각하며 실제 구매 상황과는 전혀 다르게 행동하는 몇 사람의 의견을 통해 진리를 도출하려 한다. 소비자 그룹은 특히 누군가가 자신을 관찰하고 있다는 것을 알 때 평소와는 다르게 행동하는 경향인 호손 효과Hawthorne effect에 영향 받기 쉽다. 그 중 몇 사람은 그저 과시하려고 행동하기도 한다.

소비자 그룹 인터뷰는 양적인 조사의 출발점으로는 훌륭하다. 하지만 단지 매출을 측정하거나 가격을 결정하거나 혹은 제품 디자인, 패키지 디자인, 혹은 메시지 요소들을 분석할 때는 사용하지 마라. 그렇다면 대신 무엇을 이용해야 할까? 그것은 당신이 무엇을 알고 싶은가에 따라 다르다. 프로토타입 중에서 선택해야 한다면, 일대일 인터뷰가 확신을 갖고 선택하는데 많은 통찰력을 제공할 것이다.

만일 당신이 고객의 행동을 이해하고자 한다면 민족지학적 관찰ethnographic observation(대상의 행동을 관찰함으로써 그 저간에 깔린 정신모형, 욕구 등을 발견하기 위한 연구방법으로 사회학에서 소규모 그룹의 일상이 어떠하고, 또한 그러한 현상이 왜 나타나는지 이해하려는 목적으로 활용됨 _ 옮긴이 주)이 암시적인 통찰력으로 변할 수 있다. 민족지학적 관찰의 장점은 바로 옆에서 자연스럽고 조심스럽게 지켜봄으로써 호손 효과의 문제점을 피할 수 있다는 것이다. 요기 베라Yogi Berra가 말했듯이 지켜봄으로써 얼마나 많은 것을 볼 수 있는지 알게 되면 놀라게 될 것이다.

고객을 이해하기 위한 최고의 방법은 조심스럽게 지켜보는 것이다.

어떻게 왜곡을 피할 수 있나

기업이 중대한 결정을 내려야 할 때 처음으로 하는 것은 연구를 많이 의뢰하는 것이다. 모집단은 클수록 좋다. 모집단이 큰 조사는 조사 자체에서 오는 왜곡을 최소화하고 신뢰도를 높여주기 때문이다. 사실상, 실제적으로 왜곡되는 것은 마케팅 팀의 사고이다. 왜냐하면 양적 조사에서는 복잡한 숫자만 많을 뿐 새로운 대변혁으로 인도하는 짧은 직관이나 통찰은 적기 때문이다. 물론 당신의 치부를 감추고 싶다면 수많은 양적 조사를 바탕으로 한 데이터를 추구하라.

조사에 있어서
더 많은 것이
종종 조금 더 적은 것이다.

양적 조사는 인상적이긴 하지만 기업이 이를 이용해 의미 있는 시도를 하고자 할 때 잘못된 분석으로 이끌 수 있다. 그런 수치들은 사람들이 그다지 중요하지 않은, 작고 측정이 가능한 개선 사항에만 집중하게 하는데, 그것은 실질적인 용기가 필요치 않은 것들이고, 결과적으로는 별다른 변화를 이끌지 못한다. 이는 나중에 뻔한 변명거리만 제공한다. "그 방법 해봤는데 안 되던데요!" 그 방법이 효과가 없었던 것은 가슴이 두근거리는 것 같은 깊은 통찰력에 의존하지 않았기 때문이고, 큰 문제를 해결하기보다는 작은 문제만 쫓았기 때문이다.

잘못된 문제에 대해 자세한 답을 얻는 것보다 적절한 질문에 대해 대략적인 답을 얻는 것이 좋은 경우가 많다. 사실 거의 모든 대규모 조사는 일련의 소규모 조사로 나누어질 수 있는데, 이는 좀더 효과적이며 비용도 적게 든다. 가장 훌륭한 조사는 신속하고 간단하다. 단지 시간과 돈을 절약해 주기 때문에 훌륭한 것이 아니라, 한 번에 한 문제에만 집중하는 경향이 있기 때문이다. 차 한 잔을 만들기 위해 바다 전체를 끓일 필요는 없지 않은가?

스왑 테스트

당신 회사의 브랜드 아이콘을 검토하고 싶은가? 여기 사내에서 간단히 할 수 있는 조사 방법이 있다. 당신 회사의 브랜드 명이나 시각적 요소 등 아이콘 일부를 경쟁 회사의 브랜드나 다른 카테고리에 속하는 브랜드 명, 시각적 요소 등과 바꾸어보라. 바꾸어 놓은 아이콘이 더 잘 어울린다면, 혹은 기존의 것보다 나쁘지 않다면, 당신 회사의 브랜드 아이콘은 개선의 여지가 있다. 같은 원리로 다른 회사들도 당신 회사의 아이콘 일부분을 이용해서 그들의 아이콘을 개선할 수 있다.

폴라로이드 상표와 네이션와이드 금융사의 상표가 스왑 테스트를 통과하는가?

기존의 상표

좋은 브랜드 아이콘은 맞춤복 같아서 당신에게만 잘 어울려야 한다. 스왑 테스트Swap Test(아이콘을 바꾸어 보는 것뿐 아니라 자사의 광고에 경쟁사의 이름을 넣어서 브랜드의 차별성을 테스트하는 법 _ 옮긴이 주)의 변형으로 핸드 테스트 Hand Test(광고나, CI 시스템의 응용 디자인에서 자사의 로고를 가려서 브랜드를 식별할 수 있는지 테스트하는 것 _ 옮긴이 주)가 있는데, 빠르고 간편한 이 테스트로 광고, 팸플릿, 웹 디자인이나 기타 브랜드 커뮤니케이션의 효과를 검토할 수 있다. 어떤 종류이건, 당신의 커뮤니케이션 제품에 있는 상표를 손으로 가려보아라. 어느 회사에서 제작된 것인지 알 수 있는가? 만일 제품이 다른 회사나 다른 브랜드에서 만든 것 같다면 뭔가 문제가 있다. 왜냐하면 상표 없이도 메시지나 제품의 느낌만으로도 어떤 브랜드인가 알 수 있어야 하기 때문이다.

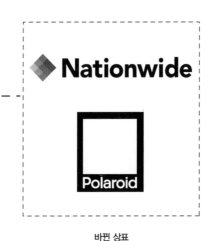

바뀐 상표

You have 206 bones in your body.
Surely, one of them is creative.

It doesn't take a lot of effort to enjoy digital music and movies—just the new iMac and a little creativity.

With Apple's award-winning iTunes software you can be your own DJ. iTunes makes it simple to "rip" your CDs and put your entire music collection right on your iMac. Just drag and drop to make playlists of your favorite songs. Listen to them on your iMac, or push one button to burn your own custom CDs that you can play in your car or portable CD player.

Or, for the ultimate in portability, get yourself an iPod. Just plug it into your iMac, and iTunes automatically downloads all your songs and playlists into iPod at blazing FireWire speed (an entire CD in a few seconds). Then just choose a pocket and take your entire music collection with you wherever you go.

For making movies, Apple's award-winning iMovie software lets you be the director. Plug your digital camcorder into iMac's FireWire port and transfer your video in pristine digital quality. Use iMovie's intuitive drag-and-drop interface to cut out the boring parts, add Hollywood-style effects—like cross-dissolves and scrolling titles—and lay in a soundtrack from your favorite CD. Then share your movies with friends and family by making a custom DVD using our aptly named SuperDrive and remarkable iDVD software! You'll be amazed at how professional your movies and DVDs look and how easy it is to create them.

With the new iMac, an ounce of creativity goes a very long way.

iPod. The first MP3 player to pack a mind-blowing 1,000 songs[1] and a 10-hour battery into a stunning 6.5-ounce package you can take with you wherever you go.

With iMovie and iDVD you can turn your movies into instant classics and create custom DVDs that play on almost any standard DVD player.

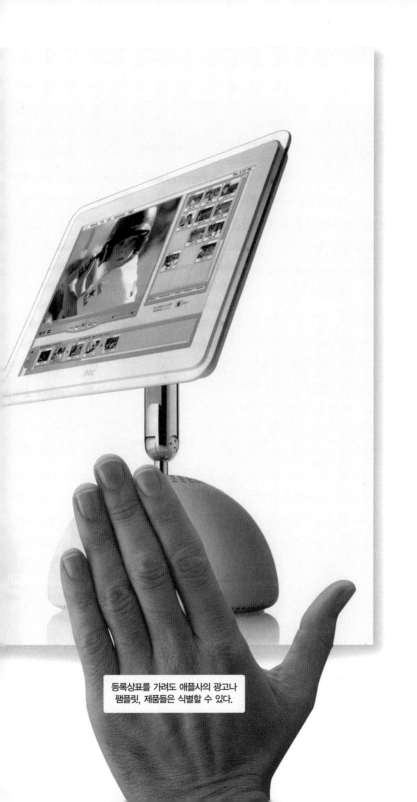

등록상표를 가려도 애플사의 광고나
팸플릿, 제품들은 식별할 수 있다.

컨셉 테스트

카피라이터인 스티브 보티스타Steve Bautista는 "사람들이 혼자 중얼거리면 정신병에 걸렸다고 하지만, 기업이 혼자 중얼거리면 마케팅이라 합니다"라고 말했다. 어떻게 하면 당신의 회사가 자기 자신에게만 중얼거리고 있는지, 아닌지 알 수 있을까? 그것은 당신의 컨셉가 시장에 도입되기 전에 피드백의 순환구조를 살펴보면 알 수 있다. '적절한 아이디어 얻기', '정확히 아이디어 얻기'와 같은 두 가지 이슈를 고려하면서 컨셉 테스트concept test(일대일 면접 조사 방법을 응용한 것으로 다양한 컨셉에 따른 각기 다른 시안을 만들어 실제 타깃 고객에게 질문하여 개선 보완점을 찾기 위한 사전조사 _ 옮긴이 주)를 시행하면 브랜드명, 심볼, 아이콘, 태그라인과 브랜드 약속Brand Promise(브랜드가 존재하는 이유, 혹은 브랜드가 고객에게 주는 혜택을 의미함 _ 옮긴이 주)등을 개발하는 데 많은 도움을 받을 수 있다. 다시 말하면, 컨셉 테스트는 다양한 방향의 대안을 분류하는 것뿐 아니라 선택된 안을 더욱 세련되게 해줄 것이다.

컨셉 테스트를 실시하기 위해서는 질문과 함께 사용될 다양한 프로토타입을 만들어야 한다. 처음에는 7개 컨셉 정도로 시작해도 되지만, 가장 사려 깊은 응답은 두 개나 세 개 정도로 안이 좁혀졌을 때 나올 것이다. 대통령 선거 투표 때처럼 사람들은 후보 두 명이나 세 명 사이에서 선택할 때 가장 편안함을 느낀다.

그 다음에는 회사 내부 직원 외에 적어도 열 명 정도의 실제 소비자에게, 한 번에 한 사람씩 프로토타입을 제시하라. 그러고는 다음과 같은 일련의 질문을 하라. 단, 질문할 때 '어느 것을 좋아하느냐'는 내용은 포함하지 않도록 유의해야 한다. 이 조사에서 알고 싶은 것은 '좋아하는 것'이 아니라 '이해하고 있는가'에 대한 것이기 때문이다.

예를 들면, 브랜드 약속은 다음과 같은 질문으로 알아낼 수 있다. "이 중에서 어떠한 약속이 당신에게 가장 중요하다고 생각하는가?" "어떤 회사가 이 같은 약속을 할 것이라 예상하는가?" "A라는 회사가 이런 약속을 하는 것에 대해 어떻게 생각하는가?" "A라는 회사로부터 어떤 종류의 약속을 기대할 수 있겠는가?" 항상 '왜?'라고 질문하라. 왜냐하면 '왜?'에 대한 대답은 다음 질문에 대한 근거가 되기 때문이다.

당신은 또한 약간 다른 종류의 질문으로 브랜드 아이콘에 대한 테스트를 할 수 있다. "어떤 아이콘이 가장 먼저 눈에 띄었는가?", "이것이 기존에 있는 다른 아이콘을 연상시키는가?", "특별히 이 아이콘이 의미하는 것이 무엇이라고 생각하는가?", "만일 이것이 실제로 A를 의미한다면, 여기에 있는 다른 예 중에서 그 의미를 훨씬 더 잘 표현하고 있는 것이 있는가?" 등이다.

컨셉 테스트의 중요한 장점은 매우 적은 비용만으로 몇 주가 아니라 며칠, 혹은 몇 시간 내에 결과를 산출할 수 있다는 것이다. 컨셉 테스트는 인터넷을 통한 온라인으로 실시할 수도 있다. PDF 파일로 이미지를 전송하고 전화를 걸어 인터뷰를 진행할 수 있다. 이러한 즉각적인 피드백은 대규모 조사를 실시하는 시간보다 훨씬 적은 시간 내에 디자인에 대한 조사까지 가능하게 한다.

그렇다면 컨셉 테스트가 결정적인 걸까? 그렇지는 않다. 왜냐하면 이는 확신하기 위한 용도가 아니라, 통찰을 위한 피뢰침 역할을 하기 때문이다. 그러나 당신이 더 큰 샘플을 원한다면, 쉽게 컨셉 테스트를 완전한 양적 조사로 확장시킬 수 있다. 그리하여 실제적인 이슈에 좀더 집중할 수 있는 이점을 갖게 될 것이다.

실제 이야기인데, 애플사의 의뢰로 나는 전세계 10여 개 도시에 25만 달러가 소요된 양적 조사를 실시한 적이 있다. 그 결과는 우리가 하룻동안 간단히 해본 간이 조사 결과와 거의 같았다. 당신이 다소 불확실한 것을 참을 수 있다면 저렴한 컨셉 테스트는 종종 논리를 마술로 바꾸는 데 충분한 정보를 제공할 것이다.

필드 테스트에서 쇼핑객들에게

'처음으로 느낌을 큰 클라리스 Claris(애플사의 맥킨토시 컴퓨터용 소프트웨어를 생산하는 브랜드, 옮긴이 주) 패키지는 어떤 것인가?' 라는 질문을 했을 때 그들은 대부분 숙련공이 느껴지는 연필이 그려진 패키지를 선택했다.

필드 테스트

실제 상황에서 조사되는 프로토타입은 최고의 피드백을 제공한다. 왜냐하면 컨셉에서 실제적인 것으로 생각이 쉽게 도약할 수 있기 때문이다. 예를 들면, 당신 회사 제품과 같은 종류의 제품을 구매하는 실제 구매자를 대상으로, 선반 위에 경쟁 제품과 당신 회사의 제품을 나란히 두고 패키지 프로토타입을 조사한다면, 조사실에서 유인하는 듯한 주제를 언급함으로써 조사 대상자들이 자연스럽게 쇼핑을 하는 것이 아니라 조사 받고 있다고 생각하게 만드는 것보다 훨씬 더 정확한 결과를 얻게 될 것이다. 즉 왜곡되는 것을 피할 수 있다.

필드 테스트는 정상적인 쇼핑 패턴에 더 가깝게 함으로써 호손 효과를 최소화할 수 있다. 필드 테스트는 또한 새로운 제품의 성공과 실패를 미리 보기 위해 사용될 수 있다. 고객과 제품이 만나는 첫 번째 장소가 상점이라면 상점이 바로 제품이 성공해야 하는 첫 번째 장소이다. 그리고 제품이 패키지로 포장되어 시장에 출시된다면, 패키지야말로 제품의 성공을 위해 가장 중요한 것이다.

가장 유망하던 몇몇 아이디어는 빠르고 고통스럽게 죽음을 맞이했다. 이러한 아이디어는 사람들이 원하지 않았기 때문이 아니라 구매자와의 접촉점에서 제품으로 받아들여지지 않았기 때문이다. 이런 경우 필드 테스트를 통해 제품이 출하되기 전에 치명적인 결점을 발견할 수 있었다면 다른 패키지로 변경하거나 혹은 다른 제품으로까지 변경할 수 있었을 것이다. 이제 더욱더 흥미로워진다.

만일 새로운 제품을 개발하기 위한 아이디어가 패키지 디자인 단계에서 나온다면 어떨까? 신제품 개발을 R&D부터 시작하는 대신 브랜딩부터 시작할 수 있다. 먼저 상상으로 제품이나 패키지를 위한 여러 가지 프로토타입을 개발하고 나서 고객들과의 접촉점에서 기회 테스트 opportunity test(정형화된 조사라기보다는 브랜드의 성공 가능성과 기회 요인을 알아보는 테스트 _ 옮긴이 주)를 실시한다. 고객에게 제품이 성공적으로 보였다면 그것은 제품 개발을 위해 R&D 부서로 보내진다. 명심할 것은 브랜드란 **'기업이 말하는 그 무엇'**이 아니라 **'고객이 말하는 그 무엇'**이라는 것이다. 때로는 모든 개발 예산을 낭비하기 전에 먼저 문제점을 발견하는 것이 이치에 맞다.

우리가 찾고 있는 것은 무엇인가?

테스트나 확인은 의미 있는 기준을 통해 브랜드를 측정하는 과정이다. 아이콘부터 실제 제품까지, 모든 브랜드 표현은 특수성 distinctiveness, 적절성relevance, 기억의 용이성memorability, 확장성 extendibility, 깊이depth 라는 다섯 가지 커뮤니케이션 영역에서 높은 수치를 나타내야 한다.

특수성：경쟁 메시지들로부터 브랜드 표현을 두드러지게 하는 특성이다. 만일 두드러지지 않는다면, 모든 것은 끝장이다. 특수성을 갖기 위해서는 기업 스스로의 용기나 소신은 언급하지 않더라도, 대담함과 혁신성, 기발함과 명확함이 필요하다. 당신의 브랜드는 스왑 테스트를 충분히 통과할 정도로 분명하고 독특한가?

적절성：브랜드 표현이 브랜드가 목표로 하고 있는 것에 적절한 것인가를 나타내는 특성이다. "핸드 테스트를 통과할 수 있는가?" "브랜드의 DNA로부터 자연스럽게 자라나고 있는가?" 이런 질문들은 훌륭하다. 왜냐하면 자동차 부품회사에서 만든, 미인이 등장하는 달력처럼 적절하지 않더라도 얼마든지 주목 받을 수 있기 때문이다.

기억의 용이성：사람들이 필요할 때 브랜드나 브랜드 표현을 상기시키는 특성이다. 기억이란 시간이 많이 지나야만 입증되기 때문에 그것을 테스트하기란 쉽지 않다. 하지만 테스트는 흔히 감성, 의외성, 특수성, 적절성 같은, 브랜드를 조종하는 존재를 알려준다.

확장성:브랜드 표현이 다양한 매체와 문화, 메시지 종류에 얼마나 잘 적용될 수 있는가를 측정하는 것이다. 즉 뻗어 나갈 수 있는가? 필요하다면 시리즈물로 확장될 수 있는가? 하는 것이다. 이러한 확장성의 고려 없이 당신을 코너에 몰리게 할, 한곳에 한 가지 용도로만 쓰이는 커뮤니케이션 제품을 만드는 것은 아주 쉽다.

깊이:다양한 단계에서 소비자와 커뮤니케이션 할 수 있는 능력이다. 사람들은 같은 브랜드를 사용하고 있음에도 불구하고, 아이디어를 다른 방식으로 연계한다. 어떤 사람은 정보에 끌리고, 어떤 사람은 스타일에, 어떤 사람은 감성적인 면에 끌린다. 깊이 있고 솜씨 좋은 커뮤니케이터만이 이러한 소비자들을 이끌 수 있는 연계점을 만들 수 있다.

이상의 것들이 브랜드 디자인을 유효하게 하는 기준이다. 이들은 혁신을 위한 실제적인 체크 포인트를 제공하고, 진정한 혁신을 단순한 유행으로부터 분리할 뿐 아니라 기업들의 활동을 막는 각종 의심을 쫓아버린다. 기업의 마케팅 매니저들이 혁신과 확인이 서로 짝을 이루는 방법을 채택할 때 비로소 마케팅 부서는 혁신적인 아이디어가 샘솟는, 마치 마술처럼 번성하고 발전하는 곳이 될 것이다.

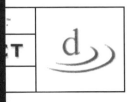

테스트를 통해 브랜드에
대한 조사를 했다면
아마도 1999년도의
스워시|swoosh('휙 하는 소리를
나타내는 단어로 나이키 마크와
유사한 형태를 지칭함 _ 옮긴이 주)
유행으로부터
여기에 있는
몇몇 회사들은
구할 수
있었을 것이다.

oundcampus.com
your online survival guide!

PIX

bea brightw
eCustomer Assistance M

mail mess

c GAB erivio
com rnet Billing that Pays

ecter

OpenSit H

urf.com

aviar CBN.COM

office
A SERVICE F

VANT

INet west. edia
ide the light

Trac

Teli
The Smart W

VI

지구 형태의 구체*가 또 다른 스워시가 되고 있는가?

DISCIPLINE 5 : 배 양 하 기 CULTIVATE

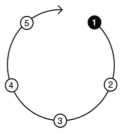

살아 있는 브랜드

경영은 과정이지 실체가 아니다. 성공적인 비즈니스를 위해서는 시장과 산업현장, 경제, 문화에서의 지속적인 변화에 적응해 나가야 한다. 그들은 고정된 조직체라기보다는 유기체처럼 반응한다. 필요에 따라 변화하고, 자라고, 나뉘고, 합쳐진다. 획일적이고 지속적인 것을 중시하던 낡은 CI 패러다임과는 달리 새로운 브랜드 패러다임은 생생하고 역동적이 되도록 기존 CI의 특성을 변모시키고 있다.

완벽함? 이는 결코 존재하지 않는다. 컨트롤? 생각하지도 마라. 기업 컨설턴트인 가이 가와사키Guy Kawasaki는 고객들에게 "걱정 말고 바보가 되어라, 브랜드가 살아 있고 호흡하고 실수할 수 있도록 두어라, 사람이게 하라"고 조언했다. 테프론 표면처럼 부드러운 면만 보이는 대신 입체적인 개성, 불일치, 그리고 모든 것을 표현하라. 브랜드는 그들이 정의하는 속성을 버리지 않는 한 똑같지 않아도 괜찮다. 그들은 사람과 같다.

C.

D.

당신은 아침에 티셔츠를 입고 저녁에는 와이
셔츠를 입을 수 있다. 또한 한순간 심각했다가 크게 웃을 수도 있
다. 이렇게 옷과 행동이 명백히 불일치하더라도 여전히 당신의
동료나 친구들은 당신을 알아볼 것이다. 당신을 당신답게 만드는
것은 겉모습이나 분위기보다 깊이 있는 그 무엇이다.

E.

F.

　　한발 더 나아가 얘기하면, 깊이와 인간적인
면을 보여주지 않는 브랜드는 고객들을 미심쩍게 만드는 경향이
있다. 조직의 겉모습만 통제하려는 시스템을 입증하는 낡은 패러
다임은 입체적인 캐릭터가 아니라 평면적이고도 비현실적인 캐
릭터만 남긴다. 새로운 패러다임은 결점 있는 영웅, 즉 살아 있는
브랜드를 원한다.

당신은 매일 대본을 쓴다

살아 있는 브랜드는 모든 이들이 함께하는 연극이고 회사의 모든 사람들은 배우이다. 판매원이 고객을 대할 때, 행정실이나 사무실에서 전화를 받을 때, CFO가 이익 보고를 할 때, 제품 담당 매니저가 데모를 보일 때, 회계사가 청구서를 발행할 때 등, 이러한 모든 일들은 새로운 광고 캠페인이나 웹 사이트가 그러하듯 깊이와 세부적인 것을 더한다. 사람들은 기업과 그들의 커뮤니케이션과의 경험을 통하여 그러한 대본을 읽은 후, 그들이 받은 인상을 자신들의 해석을 바탕으로 다른 이들에게 전달한다. 사람들의 경험이 그들의 기대치와 일치할 때, 그들의 충성도는 증가한다.

드라마 연기 지도자인 스텔라 아들러^{Stella Adler}는 종종 그녀의 학생들에게 연기하지 말고 그냥 자연스럽게 행동하라고 가르쳤다. 살아 있는 브랜드란 겉모습에 스타일만 낸 베니어 합판이 아니라 개성으로부터 퍼져나오는 행동의 패턴이다. 기업의 외부 활동과 그들의 내부 문화가 일치할 때 브랜드는 더욱더 믿을 수 있게 된다. 브랜드가 오리처럼 생기고 오리처럼 꽥꽥거리며, 오리처럼 걷고, 오리처럼 수영한다면 그것은 오리가 틀림없을 것이다. 하지만 만일 개처럼 수영한다면 사람들은 이상하게 생각할 것이다.

기업의 활동이 기업의 이미지와 일치하는가?

나침반으로서의 브랜드

당신의 브랜드가 차별화되고, 협력적이고, 혁신적이고, 적절한 특성을 지녔고, 또한 당신이 누구이며 무엇을 하고, 왜 그것이 중요한지 결정했다고 하자. 우뇌에 좌뇌도 추가했고, 이제 1 + 1= 11 이 되었다. 경쟁자가 오른쪽으로 가면, 당신은 왼쪽으로 가고 유행에 뒤처지는 로고를 독특한 브랜드 아이콘으로 바꾸었다. 마지막으로 기업 문화에서 오는 '바보가 되는 것에 대한 두려움'으로부터 벗어나기 위해 소비자 피드백을 사용했다. 당신의 브랜드는 충성도 높은 고객들과 협력 회사들로 발전하고 이익은 어느 때보다도 높아졌다. 그렇다면 다음에 해야 하는 일은 무엇일까?

기업의 모든 직원들은 개인용 브랜드 측정기를 가지고 있어야 한다.

나침반을 나누어 주어라. 회사의 모든 직원들은 충격 방지가 되어 있는 개인용 브랜드 측정기, 즉 브랜드란 무엇이고, 무엇이 이를 움직이게 하는지에 대한 항구적인 아이디어 세트를 발급 받아야 한다. 왜냐하면 "이것이 브랜드에 도움이 될 것인가 혹은 해가 될 것인가?"라는 백만 달러짜리 질문을 하지 않고서는 작든 크든 어떤 결정도 내려서는 안 되기 때문이다.

살아 있는 브랜드의 비밀은, 브랜드란 마케팅 부서에만 있는 것이 아니라 바로 회사 전체에 살아 숨쉬고 있다는 것이다. 브랜딩은 실태가 아닌 과정이기 때문에 이는 습득되고, 배우고, 복제되고, 배양될 수 있다. 지속적인 교육 프로그램은 회사 내 모든 직원들이 한마음으로 동일한 목표를 갖게 할 수 있고, 세미나나 워크숍, 비평회를 통해 외부 협력사들이 브랜드를 위해 한 목소리를 내게 할 수 있다.

브랜드의 보호

브랜드에 대한 중요성이 높아지면서 취약성의 증대라는 브랜드의 이면이 드러나고 있다. 신제품 발매에 실패하거나, 브랜드의 초점을 못 잡고 방황하거나, 단 한 번의 스캔들로도 신용도를 손상시키고 브랜드 가치를 떨어뜨릴 수 있다. 그리고 오늘날과 같은 국제화 시대에 나쁜 뉴스는 빠르게 퍼져나갈 뿐 아니라 멀리까지 전달된다. 파이어스톤Firestone이 저지른 큰 실수(2000년 7월 초 파이어스톤사가 자사의 타이어 결함을 은폐했다는 사실이 인터넷에 공개되면서 사회 문제로 비화되었고, 이 타이어를 탑재한 포드의 '익스플로러'가 상당수 전복 사고를 당하자 포드 역시 결함을 은폐했다는 의혹을 받으면서 엄청난 기업 이미지 손실과 금전적 손해를 입었다 _ 옮긴이 주)는 포드의 브랜드 가치를 17%나 절하시켰다. 아마존도 책만 팔던 온라인 서점에서 음반, 카메라, 컴퓨터, 가전제품, 어린이 가구, 장난감 시장으로 확장하면서 생길 예견된 실패로 브랜드 가치를 31%나 떨어뜨렸다. 하지만 같은 시기 스타벅스Starbucks의 가치는 32%나 증가했다. 스타벅스는 초점을 꿋꿋하게 지키고 자신의 경험을 전하면서 중미 지역까지 진출한 그들의 브랜드를 보호했다.

브랜드 지식이 조직 전체에 깊숙이 파고들게 하려면, 경험 있는 직원들이 회사를 떠나면서 결정을 내리는 지혜가 함께 사라져버리지 않도록 보호해야 한다. 브랜드의 장기적인 성공은 기업의 기억을 어떻게 지속적으로 재생시킬 것인가에 달려 있다.

기업의 핵심 인물이 대개 그들의 자리에 단지 2년에서 5년 정도밖에 있지 않기 때문에, 브랜드 지식을 잘 모아서 후임자에게 빠짐 없이 고스란히 전달하는 것이 중요하다. 또한 브랜드 커뮤니티는 피드백을 받을 수 있도록 열어놓으면서, 기업과 그들의 창조적인 네트워크 전반에 거쳐 실시하는 브랜드 교육 프로그램을 통해 브랜드의 생존을 보장해야 한다.

인터브랜드의 '100대 브랜드'에서 발췌한 아래 목록은 왜 브랜드가 보호할 가치가 있는지를 보여준다.

브랜드 명	브랜드 가치 ($100만 기준)	전년 대비 변화	자본금 대비 브랜드 가치
코카콜라	68,945	-5%	61%
마이크로 소프트	65,068	-7%	17%
IBM	52,752	-1%	27%
포드	30,092	-17%	66%
메르세데스	21,728	+3%	48%
혼다	14,638	-4%	33%
BMW	13,858	+7%	62%
코닥	10,801	-9%	82%
갭	8,746	-6%	35%
나이키	7,589	-5%	66%
펩시	6,214	-6%	9%
제록스	6,019	-38%	93%
애플	5,464	-17%	66%
스타벅스	1,757	+32%	21%

CBO들은 어디에 있나?

앞서 언급한 대로 브랜드 협력관계를 관리하는 세 개의 기본 모델은 대규모 크리에이티브 협력을 관리하기 위해 발전해 왔다. 모든 일을 한 곳에서 처리할 수 있는 원스톱 숍이나 브랜드 에이전시를 통해서 브랜드를 아웃소싱하는 책임을 맡기는 방법은 가장 저항이 적은 방법이다. 그러나 뛰어난 브랜드 전문가들이 선호하는 것은 통합적 마케팅 팀의 도움을 받아서 내부에서 브랜드 관련 책임을 지는 세 번째 모델이다.

전세계 인텔사의 창조력을 관리하는 크리에이티브 디렉터 수전 록리스Susan Rockrise는 이를 가상 에이전시라고 부른다. 인텔사뿐 아니라 통합 마케팅 모델을 선호하는 다른 기업들은 세계 각처에서 가장 훌륭한 창의적인 회사를 선정하고 그들을 올스타 팀처럼 훌륭한 팀워크로 일할 수 있게 하는 방법을 익혀왔다.

브랜드가 퍼져나갈수록, 더욱더 강력하고 중앙 집중적인 관리가 필요하다. 창의력은 어른의 통제가 없다면, 혼돈의 세계로 갑자기 빠져버릴 수 있다. 통제된 혼돈이 혁신과 변혁을 위해 필요한 반면, 통제되지 않은 혼돈은 브랜드를 정신분열증 환자로 만들고 혼란스럽게 할 수 있다.

점점 커지는 내부 책임제의 필요성은 CBO (Chief Branding Officer : 기업 내 최고의 위치에서 브랜드 협력 관계를 관리하는 경험이 매우 많은 전문가)라고 부르는 사람을 임명해야 하는 필요성을 증대시키고 있다. 그런데 CBO는 흔치 않다. 왜냐하면 그들은 최고 경영자와 함께 전략을 세울 수 있는 능력과, 부서원들이 창의력을 발휘할 수 있도록 격려하고 영감을 주는 능력을 지니고 있어야 하기 때문이다. 사실상 CBO는 기업의 좌뇌를 우뇌와 연결하고, 고객의 경험에 맞는 경영 전략을 도입하는 등 브랜드 갭 사이를 연결하는 인간 교량의 역할을 해야 한다. CBO는 한밤중에도 깨어 있으면서 "어떻게 브랜드를 만들 것인가?"를 고민하는 고위 경영자이다.

CBO가 흔치 않은 가장 중요한 이유는 그들을 교육할 수 있는 정식 프로그램이 거의 개설되지 않았기 때문이다. 경영학을 전공함으로써 자신의 커리어를 시작할 수 있는 CEO 와는 달리 CBO는 광고 대행사, 기업 내 마케팅 부서, 디자인 회사 등 기타 창의적인 분야나 컨설팅 서비스 분야에서 다양한 부서와 직위를 경험하며 지식을 쌓아 대가의 위치에 도달할 때까지 스스로 CBO로서의 지식과 기술을 습득해야 하기 때문이다.

그들은 마케팅이나 혹은 디자인 분야를 전공하여 자신의 커리어를 시작할 수는 있지만 두 분야 중 어느 분야도 그 자체만으로는 논리와 마술을 적당한 비율로 통합하는 방법을 가르치지 않는다.

마술 사이를 연결하는 다리를 만든다.

　　이러한 비법을 통달한 사람들은 기업에서 50
만 달러 정도 연봉을 받을 수 있다. 다행히 선구적인 경영대학과
디자인학교들은 CBO의 필요성을 인식하여, CBO 양성 프로그램
개발을 서두르고 있다.

효력 있는 순환 고리

지난 세기 동안 많은 기업들은 자신의 브랜드가 일반화되어 결국 시장에서 철수되고 나서야 R&D 투자, 초기 시장에서의 성공, 경쟁의 압력, 가격할인 등으로 이어지는 잘못된 순환고리의 함정에 빠진 것을 알게 되었다.

브랜딩은 반대로 효력이 있는 순환구조를 만든다. 논리와 마술을 결합함으로써 기업은 차별에서 협력, 협력에서 혁신, 혁신에서 타당성 확인, 그리고 마지막으로 배양까지의 연쇄반응을 일으킬 수 있다. 배양 단계가 되면 모든 가정에 대해 다시 한번 검토하고, 현위치를 살펴보며 새롭게 순환한다. 각각의 순환마다 기업과 해당 브랜드는 나선형을 그리며 올라간다. 이로써 일반화되는 것으로부터 지속적인 경쟁적 우위라는 마케팅의 성배holy grail에 더 가깝게 다가간다.

브랜드는 로고가 아니며 CI 시스템도 아니다. 브랜드는 제품과 서비스 혹은 기업에 대한 사람들의 '본능적인 감정'이다. 브랜드는 다른 많은 것들에 의존하기 때문에, 신뢰할 수 있는 행동의 보증서가 되어야 한다. 훌륭한 브랜딩은 경영을 사회에 없어서는 안 될, 절대적으로 필요한 것으로 만들고 기업의 CEO에서부터 고객에 이르기까지 모든 사람들에게 기회를 제공한다.

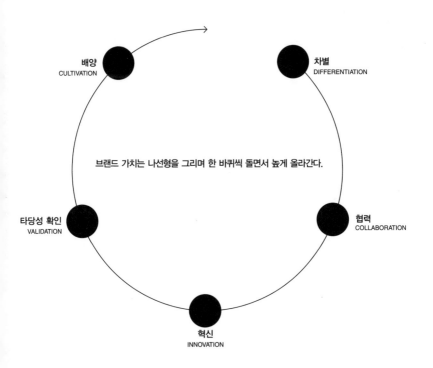

배양
CULTIVATION

차별
DIFFERENTIATION

브랜드 가치는 나선형을 그리며 한 바퀴씩 돌면서 높게 올라간다.

타당성 확인
VALIDATION

협력
COLLABORATION

혁신
INNOVATION

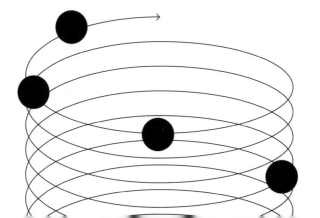

과 제 TAKE-HOME LESSONS

아래의 내용은 본서를 요약한 것이다. 브랜드 프리젠테이션을 할 때 자유롭게 언급하거나, 업무상 이메일을 보낼 때마다 하나씩 함께 보내면 상대방은 당신이 시작하는 대화에 놀랄 것이다.

브랜딩 관련 ON BRANDING

→브랜드는 제품이나 서비스, 혹은 기업에 대해 한 개인이 가슴 속 깊이 느끼는 본능적인 감정이다. 브랜드란 기업이 말하는 '그 무엇'이라고 아니라, 고객이 말하는 '그 무엇'이다.

→브랜딩은 훌륭한 전략과 훌륭한 창의력을 연결하는 과정이다. 브랜딩은 훌륭한 전략과 형편없는 창의력, 형편없는 전략과 훌륭한 창의력, 혹은 형편없는 전략과 형편없는 창의력을 연결하는 과정이 아니다.

→브랜드를 이루는 기초는 믿음이다. 고객은 자신과 브랜드와의 경험에서 지속적으로 기대치가 만족되었을 때, 당신의 브랜드를 믿게 된다.

→현대 사회는 정보가 많은 반면, 시간은 별로 없다. 당신의 브랜드 가치는 당신이 제공하는 것을 고객이 얼마나 빠르고 쉽게 받아들일 수 있는가에 직접적으로 비례해 커간다.

→사람들은 구매를 결정할 때 좀더 상징적인 단서를 중시하지 제품의 특징이나 혜택, 가격 같은 것을 결정적 단서로 삼지 않는다.

→오직 단 하나의 경쟁자만 가장 낮은 가격을 고수할 수 있고, 다른 모든 이는 브랜딩을 활용해야 한다. 브랜드가 강력하면 할수록, 이윤의 폭은 더욱더 커진다.

→카리스마 브랜드란 사람들이 대체할 대상이 없다고 느끼는 제품이나 서비스, 혹은 기업이다. 모든 브랜드는 카리스마 브랜드가 될 수 있다. 물론 당신의 브랜드도.

차별하기 DIFFERENTIATE

→브랜드를 만들기 전 스스로에게 다음의 세 가지 질문을 해보아라 : 1) 당신은 누구인가? 2) 당신은 무슨 일을 하는가? 3) 그것이 왜 중요한가?

→우리의 뇌는 차별되고 유용한 것을 제외한, 적절치 못한 정보들은 걸러낸다. 왜 당신의 제품이 중요하다는 것인가? 다시 한번 대답해 보아라.

→차별화의 초점은 '이것은 무엇이다'에서 '이것은 무슨 일을 한다'로, '당신은 어떻게 느낄 것이다'에서 '당신은 누구인가'로 변화해 왔다. 제품의 특징이나 혜택, 그리고 가격이 사람들에겐 여전히 중요하지만, 경험과 개인의 정체성은 더욱더 중요하다.

→국제화로 인해 장벽이 제거되면, 사람들은 새로운 장벽을 세운다. 그들은 자신들이 이해할 수 있고 참여할 수 있는 친밀한 세계인, 자신들만의 부족을 만든다. 브랜드 명은 부족들의 신이고 각자 부족 내의 다른 공간을 지배한다.

→당신의 공간에서 1등이나, 2등이 되도록 하라. 그렇게 될 수 없다면, 당신의 공간을 새롭게 정의 내리거나 다른 무리로 옮기도록 하라.

협력하기 | COLLABORATE

→오랫동안 전문가는 비전문가를 이겨왔다. 승리자는 주어진 공간에 가장 적절한 브랜드이다. 정글에선 가장 적절한 자만 생존한다.

→브랜드가 자신의 공간에서 어떻게 적합해지는가는 브랜드 커뮤니티에 의해 결정된다. 브랜드를 만들기 위해서는 마을 전체가 필요하다.

→우뇌 지향적인 사람과 좌뇌 지향적인 사람들을 한 팀에서 일하게 함으로써, 논리와 마술 간의 간극을 줄일 수 있다. 협력을 통해 1 + 1= 11로 만들 수 있다.

→창의적인 협력의 성공적인 예를 찾는다면, 할리우드, 실리콘 밸리, 그리고 르네상스 시대의 대성당 건축가들을 보라.

→창의력 관련 회사들은 서로 협력하면서, 자신들의 분야에서 더욱더 전문가가 되어간다. 차세대 경제에서는 서로 묶이지 않고서도 가치의 사슬 속에서 협력하는, 여러 그룹의 브랜딩 네트워크의 탄생을 보게 될 것이다.

→브랜드 협력 관계를 관리하는 기본 모델은 세 가지 형태로 발전되어 왔다. 원 스톱 숍, 브랜드 에이전시를 통한 외주, 사내 통합 마케팅 팀을 이용한 책임 관리, 이 중에서 모델 하나를 선택하거나 혹은 이들을 결합한 새로운 모델을 만들 수 있다.

→프로토타입으로 이야기하라. 프로토타입은 마케팅의 관료적 형식주의를 제치고 진정한 감성으로 대화하게 한다.

혁신하기 INNOVATE

→사람들의 열정에 불을 당기는 것은 전략이 아니라 디자인이다. 보다 좋은 디자인과 경영의 마술 뒤에는 혁신이 있다.

→철저한 혁신은 경쟁을 없애는 힘을 지닌다. 혁신적인 사람들의 주문은 모든 사람들이 왼쪽으로 갈 때 오른쪽으로 가라는 것이다.

→아이디어가 혁신적이라는 것을 어떻게 알 수 있을까? 그것이 당신을 놀라 자빠지게 하면 그 아이디어는 혁신적인 것이다.

→혁신은 사외 사람들이나, 사내에서 자신을 사외 사람이라고 생각하는 이들로부터 기대하라.

→당신의 브랜드 명이 독특하고, 짧고, 적절하고, 철자와 발음이 쉽고, 호감이 가고, 확장될 수 있고, 보호될 수 있도록 하라.

→로고는 죽었다. 아이콘과 아바타만이 영원할 것이다.

→패키지는 계산대에서 잠재고객을 끌 수 있는 마지막이자 최고의 기회다. 패키지에 메시지를 자연스러운 인지 순서로 배열하라.

→웹 혁신에 장애가 되는 가장 일반적인 세 가지 장벽, 과학 기술 공포증, 무조건적인 경쟁심리, 더 많이 보여주려는 욕구를 피하라.

→결론 : 혁신적이지 않다면, 마술이 아니다.

타당성 확인하기 VALIDATE

→일반적인 커뮤니케이션 모델은 고전이다. 이제는 피드백을 받음으로써, 당신의 브랜드 커뮤니케이션을 독백에서 대화로 변화시켜야 한다.

→소비자 조사 같은 피드백을 통해 혁신에 영감을 주고 타당성을 확인할 수 있다.

→조사는 창조적인 일에 종사하는 사람들에게 부당한 질책을 받아왔다. 물론 형편없는 조사는 백미러로 도로를 바라보는 것과 같지만, 훌륭한 조사는 브랜드를 후진기어에서 벗어나게 해서 아우토반을 멋지게 달릴 수 있게 한다.

→조사 그 자체가 아니라 조사에 초점을 맞추기 위해 소비자 그룹을 이용하라. 소비자 그룹은 특히, 자신들이 조사받고 있다는 것을 인식하고 있을 때 발생하는 호손 효과에 영향을 받기 쉽다.

→양적 조사quantitative research는 영감을 주지 못한다. 혁신으로 이끄는 직관과 통찰을 위해서는 질적 조사qualitative research를 활용해야 한다.

→특수성, 적절성, 기억성, 확장성, 그리고 깊이로 당신 회사의 브랜드 표현을 측정하라.

배양하기|CULTIVATE

→경영은 자주 독립체가 아니라 살아 있는 유기적 조직체이다. 당신의 브랜드도 마찬가지다. 그러므로 브랜드의 일관성을 유지하되, 무조건적인 일관성은 경직되고 생명력이 없어 보이므로 정체성을 바탕으로 유연하게 대처해야 한다.

→살아 있는 브랜드는 끝없는 연극이며, 회사 내의 모든 사람은 배우가 된다. 사람들이 브랜드를 경험할 때란 연극을 보는 것이고, 그리고 나서 그들은 자신의 이해를 바탕으로 경험한 것을 다른 이들에게 전한다.

→브랜드를 만드는 데 참여하는 모든 이들은 브랜드 미터기를 개발해야 한다. "이것이 브랜드에 도움이 될 것인가? 혹은 해를 끼칠 것인가?"에 대해 묻지 않고서는 어떤 결정도 내려서는 안 된다.

→브랜드의 중요성에 대한 증가는 취약성의 증대라는 브랜드의 이면을 보여준다. 신제품 발매에 실패하거나, 품질의 저하, 혹은 단 한 번의 스캔들로도 신용도를 손상시킬 수 있다.

→브랜드를 협력하면 할수록, 더욱더 강력하고 중앙 집중적인 관리가 필요하다. 향후 브랜딩은 브랜드 관련 최고 책임자로 사내에서 브랜드 담당 책무를 하는 중역인 CBO를 필요로 할 것이다.

→브랜딩은 연구되고, 분석되고, 배우고, 가르치고, 복제되고, 그리고 관리될 수 있는 과정이다. CBO의 중요한 업무는 브랜드 관련 지식들을 문서화하고, 전파하고, 그것을 새로운 담당자나, 협력회사에 전하는 일이다.

→차별에서 배양까지, 브랜딩 서클이 한 번 돌 때마다, 브랜드는 일반화가 되는 것으로부터 멀어지고, 지속될 수 있는 경쟁적 우위에 좀더 가깝게 다가가게 된다.

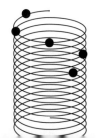

브랜드 용어집 BRAND GLOSSARY

이번 개정판에는 내가 올스타 자문단의 도움으로 편집한 브랜드 사전The Dictionary of Brand에 수록된 모든 용어들을 담았다.

브랜드 사전을 편집하게 된 중요한 목적은 서로 다른 분야의 전문가들이 보다 쉽게 소통하며 큰 프로젝트를 함께 수행할 수 있도록 용어의 기본 토대를 만드는 것이었다.

본 용어나 그 해설 내용은 공인되거나 명문화된 것이 아니다. 많은 것들이 새롭게 변할 수도 있다. 일부는 유동적이며, 브랜드 구축 프로젝트를 하며 임시적으로 만든 것들도 있다.

ARTIFACT 아이디어가 시각적으로 재현된 것. 제품 또는 디자인의 결과물 | DESIGNING 참조

ATMOSPHERICS 브랜드 환경의 정체성. 건축물이나 간판 사인, 질감, 향기, 소리, 색상 그리고 직원들의 행동 등으로 나타난다 | EXPERIENCE DESIGN 참조

ATTITUDE STUDY 브랜드에 대한 의견을 조사하는 것. 변화를 주기 전과 후의 차이를 보기 위해 벤치마킹 용도로 활용되는 경우가 많다

AUDIENCE 제품이나 서비스 혹은 메시지가 목표로 하는 집단. TARGET AUDIENCE라고도 한다

AUDIO BRANDING 휴렛 팩커드가 포토스마트광고에서 사용한 'Picture of you'라는 노래처럼 청각적인 요소로 브랜드를 연상시킬 수 있도록 브랜드를 구축해나가는 과정

AUTHENTICITY 진품의 품격. 강력한 브랜드 속성으로 여겨진다

AVATAR 다양한 매체 환경 속에서 자유롭게 움직이고 변할 수 있도록 만들어진 브랜드 아이콘

AWARENESS STUDY AUDIENCE들의 브랜드 친밀도를 측정하는 설문조사. 즉각적인Prompted 혹은 순차적인Spontaneous

인지도로 나누기도 한다 | AUDIENCE 참조

BACKSTORY 브랜드의 탄생과 관련 있거나, 브랜드명의 의미 혹은 정통성과 매력적인 면을 부각시킬 수 있는 브랜드의 뒷이야기

BENEFIT 제품, 서비스, 특징, 속성에서 파생되어 감지할 수 있는 이점

BHAG 크고Big 흥미롭고Hairy 대범한Audacious 목표Goal. 조직을 집중시킬 수 있도록 고안된 것 | Jim Collins, Jerry Porras의 『Build to Last』 읽어보기

BOTTOM-UP MARKETING 고객중심적인 마케팅으로 하향식 마케팅Top-Down Marketing이나 관리적인 마케팅과 반대적인 개념 | Jack Trout, Al Ries의 『Bottom-Up Marketing』 읽어보기

Brand 제품, 서비스, 경험 혹은 조직에 대한 개인의 인식. 브랜드 구축의 예술과 과학

BRAND AGENCY 다양한 매체를 통해 다각도의 브랜드 구축 서비스를 제공하거나 관리해주는 전략적인 회사

BRAND ALIGNMENT 브랜드 전략을 소비자와의 TOUCHPOINT로 연결하는 활동 | BRAND STRATEGY, TOUCHPOINT 참조

BRAND AMBASSADOR 소비자, 잠재적 소비자, 파트너 혹은 미디어와의 상호관계 활동을 통해 브랜드를 홍보하는 사람들. 이상적으로는 기업의 모든 직원들

BRAND ARCHITECTURE 관련된 브랜드들 간의 위계. MASTER BRAND로 시작해 SUBBRAND나 CO-BRAND 들과의 관계를 의미한다. 일종의 브랜드 가계도 | CO-BRANDING, MASTER BRAND, SUBBRAND 참조

BRAND ARTICULATION 브랜드 공동체 일원들이 협력할 수 있도록 브랜드를 간결하게 묘사한 것. BRAND STORY라고

할 수 있다 | BRAND COMMUNITY, BRAND STORY 참조

BRAND ASSET 브랜드 연상, 브랜드 속성, 브랜드 인지도 혹은 브랜드 충성도처럼 전략적 가치가 있는 브랜드의 모든 측면 | BRAND ATTRIBUTE, BRAND ROYALTY 참조

BRAND ATTRIBUTE 제품이나 서비스, 기업 혹은 브랜드의 변별적인 특징

BRAND AUDIT 브랜드의 강점과 약점 등을 파악하기 위한 모든 커뮤니케이션 TOUCHPOINT의 공식적인 조사 | TOUCHPOINT 참조

BRAND CHAMPION 브랜드를 전도하거나 보호하는 모든 사람들. BRAND STEWARD라고도 한다 | BRAND STEWARD 참조

BRAND COMMUNITY 기업 내 부서, 외부 기관, 파트너 회사, 고객, 사용자 그리고 미디어 등 브랜드 구축에 이바지하는 사람들의 네트워크

BRAND CONSULTANT 브랜드 구축 과정에 기여하는 외부 조언가. 대체적으로 전략적인 부분이나 자문 역할을 담당한다

BRAND COUNCIL 기업의 브랜드 구축 과정을 평가하고 이끌기 위한 위원회. CREATIVE COUNCIL이라고도 한다

BRAND DESIGNER 그래픽 디자이너, 전략가, 마케팅 디렉터, 조사 담당자, 광고 기획자, 웹 개발자, PR 전문가, 카피라이터 등 브랜드를 만들어가는 모든 사람들

BRAND EARNINGS 기업의 현금유동성 중 오직 브랜드의 영향으로 만들어진 부분

BRANDED HOUSE 메르세데스 벤츠처럼 대표 브랜드가 기업명인 기업. 동종 브랜드Homogeneous Brand 혹은 단일 브랜드 Monolithic Brand라고도 한다. 반대 개념은 HOUSE OF BRAND

BRAND EQUITY   재정적, 전략적으로 누적된 기업의 자산. 브랜드가 가진 시장에서의 힘 | David A. Aaker의 『Managing Brand Equity』 읽어보기

BRAND ESSENC   브랜드 약속을 가장 단순한 용어로 만든 것

BRAND EXPERIENCE   사람들이 제품, 서비스 혹은 조직과 갖게 되는 모든 상호작용. 브랜드를 만드는 기본 소재가 된다 | BRAND STORY 참조

BRAND GAP   사업 전략과 소비자 경험 사이의 간극

BRAND IDENTITY   브랜드를 표면적으로 나타낸 것. 이름, TRADE MARK, 커뮤니케이션 그리고 시각적으로 표현한 모습이 포함된다 | Alina Wheeler의 『Designing Brand Identity』 읽어보기

BRAND IMAGE   제품, 서비스, 조직에 관해 고객이 마음속에 그리는 심상 혹은 이미지

BRANDING   브랜드 구축을 위한 모든 노력과 그 과정

BRAND LOYALTY   경쟁 브랜드들과 비교할 때 소비자가 브랜드에 갖는 호감의 강도. 재구매로 측정되기도 한다

BRAND MANAGER   진부한 용어로 가격정책, 프로모션, 유통 그리고 광고처럼 브랜드와 관련한 전술적인 이슈들을 담당하는 사람. 일종의 Product Manager

BRAND MANUAL   브랜드와 관련된 일을 하는 브랜드 커뮤니티 구성원들에게 브랜드의 매개변수를 분명히 하도록 하는 문서. 표준화된 브랜드 구축도구 | BRAND COMMUNITY 참조

BRAND MARK   브랜드를 나타내는 아이콘, 아바타, 워드마크 혹은 기타 상징들. 일종의 TRADEMARK

BRAND METRICS	브랜드 자산의 변화를 관찰하기 위한 측정 | BRAND VALUATION 참조
BRAND NAME	브랜드 아이콘의 구어적 혹은 문어적 요소. 제품의 이름, 서비스, 조직 | ICON 참조
BRAND PERSONALITY	브랜드의 성격을 사람에게 사용하는 용어로 규정한 것. 예) Virgin=불손한, Chanel=세련된
BRAND POLICE	브랜드 매뉴얼의 가이드라인에 따라 규정의 엄격한 준수를 책임지는 부서 혹은 관리자 | BRNAD MANUAL 참조
BRAND PORTFOLIO	기업이 소유한 브랜드들을 모은 것. 브랜드 모음 | David A. Aaker의 『Brand Portfolio Strategy』 읽어보기
BRAND PUSHBACK	브랜드 메시지나 브랜드 확장에 대한 시장의 저항. 브랜드 전략을 변경하게 만들기도 함 | BRAND STRATEGY, EXTENSION 참조
BRAND STEWARD	브랜드를 개발하고 보호할 책임이 있는 사람
BRAND STORY	브랜드를 이야기로 서술한 것. 브랜드의 의미를 서술한 일관성 있는 메시지 세트 | BACKSTORY 참조
BRAND STRATEGY	사업 목표를 달성하기 위한 체계적인 브랜드 개발 계획
BRAND VALUATION	브랜드를 화폐가치로 측정하는 과정 | BRAND METRICS 참조
BUZZ	제품, 서비스, 경험 혹은 조직에 대한 대중들의 최근 의견 | Emanuel Rosen의 『The Anatomy of Buzz』 읽어보기
CATEGORY	브랜드가 경쟁하는 공간. 일종의 CONSIDERATION SET | CONSIDERATION SET 참조

CBO	BRAND COMMUNITY의 작업을 책임지고 통합하는 최고 브랜드 관리자 BRAND COMMUNITY 참조
CHALLENGER BRAND	CATEGORY 내에 지배적 브랜드가 있음에도 불구하고 독자 생존이 가능한 신규 혹은 부상하는 브랜드 Adam Morgan의 『Eating the Big Fish』 읽어보기
CHARISMATIC BRAND	매우 높은 브랜드 충성도를 만드는 브랜드. 라이프스타일Lifestyle 브랜드 혹은 열정Passsion 브랜드라고 알려졌다 TRIBAL BRAND 참조
CLUTTER	시장에서의 개념적 잡음. 이해를 방해하는 정리되지 않은 메시지나 요소들
CO-BRANDING	상호이익을 위한 여러 브랜드들의 의도적인 연계
CO-CREATION	제품, 서비스 혹은 메시지의 공동 개발
COLLABORATION	다양한 분야의 사람들이 함께 브랜드를 구축하는 과정. 공동 작업 Michael Schrage의 『Serious Play and No More Teams』 읽어보기
COMMANDAND CONTROL	명확히 정의된 목표, 과정 그리고 평가에 의존하는 경영스타일. 상향식, 분산관리이기보다는 하향식
COMMODITIZATION	소비자가 제품, 서비스 혹은 기업 등을 대체 가능한 것으로 여기게 됨으로써 이윤이 감소하는 과정. 반대 개념은 브랜드 구축 VICIOUS CIRCLE 참조
CONCEPT MAP	개념들을 연결시켜 보여주는 도표
CONCEPTUAL NOISE	과다한 메시지나 의미로 인해 대두되는 인지적 혼란. 명확함을 훼손하는 모든 것 CLUTTER 참조
CONSIDERATION SET	소비자가 구매를 결정할 때, 고려 대상에 들어가는 브랜드군. 일종의 CATEGORY CATEGORY 참조

COOPETITION　　상호 승리를 위한 두 경쟁자들의 협력 | Adam M. Brandenburger, Barry J. Nalebuff의 『Co-opetition』 읽어보기

CORE COMPETENCIES　　기업에 전략적 이점을 주는 역량들(일반적으로 두세 개)

CORE IDENTITY　　BRAND IDENTITY의 가장 중심적이고 지속 가능한 요소. 일반적으로 이름이나 TRADEMARK를 뜻한다 | BRAND IDENTITY, TRADEMARK 참조

CORE IDEOLOGY　　핵심 가치와 핵심 목표의 조합 | CORE PURPOSE, CORE VALUES 참조

CORE PURPOSE　　이윤추구를 너머 기업의 존재 이유. 핵심 이념의 일부분 | CORE IDEOLOGY 참조

CORE VALUES　　기업의 윤리를 정의하는 영속적인 원칙. 핵심 가치의 일부분 | CORE IDENTITY 참조

CORPORATE IDENTITY　　기업의 BRAND IDENTITY. 이름, TRADEMARK, 타이포그래피, 색상 등과 같은 시각적 식별 요소 Visual Identifier로 이루어진다. 기업의 TRADE DRESS | BRAND IDENTITY, TRADE DRESS 참조

CREATIVE BRIEF　　브랜드 구축 프로젝트를 위해 기준을 정한 서류. 프로젝트 배경, 목표, 프로세스와 예산 문제 등이 포함된다

CULTIVATION　　브랜드 가치를 조직 전체에 심는 과정. 내부 브랜딩 | Aaker, Davis, Dunn의 『Building the Brand-Driven Business』 읽어보기

CULTURAL LOCK-IN　　분명한 시장의 위협을 마주하고도 조직의 심성 모형Mental model을 바꾸지 못하는 조직의 무능력 | Richard N. Foster, Sarah Kaplan의 『Creative Destruction』 읽어보기

CULTURE JAMMING	광고나 브랜드 메시지의 원래 의미를 파괴하여 왜곡시키는 행위. Subvertising이라고 알려져 있다 | 「Adbusters」 Magazine 읽어보기
CUSTOMER EXPECTATIONS	브랜드에서 예상되는 명시적 혹은 암시적 혜택
CUSTOMER GOALS	고객이 '고용한' 제품이나 서비스, 경험 혹은 조직 등이 고객을 위해 해주길 바라는 '일' | Christensen, Raynor의 「The Innovator's Solution」읽어보기
DESCRIPTOR	브랜드명과 함께 사용되어 '불소치약' 혹은 '온라인 은행' 등 브랜드가 경쟁하는 CATEGORY를 설명하는 용어 | CATEGORY 참조
DESIGN	브랜드 구축에 있어서 제품, 서비스, 환경, 시스템, 커뮤니케이션 혹은 브랜드의 긍정적인 경험을 만들기 위한 다른 ARTIFACT들의 계획이나 형태 만들기 | ARTIFACT 참조
DESIGNING	디자인 과정. 공유된 목표를 달성하기 위한 전략적인 과정과 창조적인 과정을 통합한 것 | AIGA에서 출간된 「Why Design?」 읽어보기
DESIGN MANAGEMENT	브랜드 표현을 전략적 목표와 일치시키기 위해 내부와 외부 디자인 팀의 일을 통합하는 작업
DESIGN RESEARCH	양적, 질적 혹은 민속지학적 조사기법을 활용하여 경험, 제품의 디자인, 커뮤니케이션 요소 등을 조사하는 것 | ETHNOGRAPHY, FIELD TEST, ONE-ON-ONE INTERVIEW 참조
DIFFERENTIATION	이윤을 높이고 일반화되는 것을 피하기 위해 시장에서 독특한 POSITIONIING을 만들어가는 과정. POSITIONIING의 결과 | POSITIONIING 참조, Jack Trout의 「Differentiate or Die」 읽어보기
DISRUPTIVE INNOVATION	시장을 재정의하는 신제품, 서비스 혹은 사업. 단

절된 혁신Discontinuous innovation이라고도 부른다 |
FIRST MOVER 참조, Clayton Christensen의 『The Innovator'
s Dilemma』읽어보기

DRIVE FEATURES 고객들에게 중요할 뿐 아니라 경쟁자들과의 차별
화를 이끌 수 있는 BRAND ATTRIBUTE | BRAND
ATTRIBUTE 참조, 『The McKinsey Quarterly』, May 2004 읽
어보기

DRIVER BRAND BRAND PORTFOLIO에서 MASTER BRAND,
SUBBRAND, 혹은 ENDORSER BRAND 등 어
떤 것이든 소비자의 구매 결정을 이끄는 브랜드
| BRAND PORTFOLIO, ENDORSER BRAND, MASTER
BRAND, SUBBRAND 참조

EARCON 유나이티드 항공사의 'Rhapsody in Blue'처럼 브
랜드를 표현하기 위해 사용된 청각적인 브랜드
SYMBOL. 청각적 ICON | ICON 참조

ELEVATOR PITCH 브랜드 목적이나 MARKET POSITION을 한 문
장으로 만든 버전. 짧은 엘리베이터 탑승 시간 동
안 전달할 수 있을 정도로 간략한 것 | MARKET
POSITION 참조

EMERGENT ATTRIBUTE 핵심 제품이나 서비스와 달리 브랜드로부터 나오
는 기능, 혜택, 품질 혹은 경험. 예) 구글의 친근감

EMOTIONAL BRANDING 감각적인 경험을 통해 고객의 감정을 겨냥하겠다
는 목적에서 진행하는 브랜드 구축 노력 | Marc
Gobé, Sergio Zyman의 『Emotional Branding』읽어보기

ENDORSER BRAND SUBBRAND, CO-BRAND를 대신해 만족을 약
속하는 브랜드. 대개 보증되는 브랜드의 보조적인
위치에 있다 | CO-BRANDING, SUBBRAND 참조

ENVISIONED FUTURE 10~30년 후 목표를 이루고 나면 어떻게 될지 생
생하게 묘사한 BHAG | BHAG 참조, Jim Collins, Jerry

ETHNOGRAPHY   자연스러운 환경에서 실시하는 인간에 대한 연구 조사. 브랜드 혁신을 통해 충족시킬 수 있는 필요 와 욕구를 발견한다

EXPERIENCE DESIGN   제작물 그 자체보다 고객이나 사용자의 경험을 만 들어가는 데 초점을 둔 디자인. 쌍방향 매체 디자 인 | ARTIFACT, INFORMATION 참조

EXTENDED IDENTITY   기업이나 브랜드의 핵심 아이덴티티를 확장시 키는 요소들. BRAND PERSONALITY, CORE IDENTITY, POSITIONING, SYMBOL 등이 이 에 속한다 | BRAND PERSONALITY, CORE IDENTITY, POSITIONING, SYMBOL 참조

EXTENSION   관련된 제품이나 서비스의 브랜드 자산을 새로운 제품이나 서비스에 활용하는 것

EVANGELIST   보수 여부와 관계없이 브랜드를 지지하는 사람

FEATURE   혜택이 제공되도록 계획된 제품, 서비스 혹은 모 든 경험 요소들

FEATURE CREEP   제품이나 서비스에 불필요한 부가 요소들. Featu ritis라고 부르기도 한다

FIELD TEST   질적인 조사의 한 가지 방법으로 실험실이 아닌 실제 환경에서 실시되는 조사. PROTOTYPE으로 준비된 제품, 패키지 혹은 메시지를 통해 실시한 다 | QUALITATIVE RESEARCH 참조

FIFTH DISCIPLINE   시스템과학의 원리로 개인적 숙련, 가치관, 공유 비전, 팀 학습의 네 가지 규율을 통합하는 조직적 사고 | Peter Senge의 『The Fifth Discipline』 읽어보기

FIRST MOVER   새로운 CATEGORY를 시작하는 기업이나 브랜드

| DISRUPTIVE INNOVATION 참조

FOCUS GROUP　특정 주제에 대해 논의할 수 있는 형태로 몇 명의 조사 대상자가 초대되어 진행되는 질적 조사의 한 가지 방법. 추후 조사에 초점을 맞춘 조사 유형 | QUALITATIVE RESEARCH 참조

FRANKENBRAND　인수합병의 결과로 정렬이 되지 않은 브랜드. 제대로 기능하지 않는 브랜드 | BRAND ALIGNMENT 참조

FUTURE CASTING　미래의 제품이나 산업, 경쟁, 도전 혹은 기회 요소를 예측하는 기술. 예측과 상상력의 조합 | Keith Yamashita, Sandra Spataro, Ph.D.의 『Unstuck 』읽어보기

GENERIC　브랜딩이 되지 않은 제품이나 서비스 혹은 경험. 일반 상품Commodity | COMMODITIZATION 참조

GENERIC BRAND　일반적인 제품이나 STORE BRAND에 사용되는 부적절한 명칭(Generic과 Brand는 상호배타적이다) | STORE BRAND 참조

GLOBAL BRAND　글로벌 시장에서 경쟁하는 제품이나 서비스, 혹은 기업(브랜드란 문화에 따라 의미가 다르기에 부적절한 명칭인 경우가 많다)

GUERILLA MARKETING　제품이나 서비스를 판매하거나 광고하기 위해 비전통적인 채널을 이용하는 마케팅 프로그램 | Jay Conrad Levinson의 『Guerrilla Marketing』읽어보기

HALO BRAND　잘 알려진 MASTER BRAND와 덜 알려진 SUBRAND처럼, 브랜드가 다른 브랜드에게 연상 효과로 가치를 빌려주는 것

HARMONIZATION　제품라인이나 지역에 따라 다른 브랜드 요소를 일치시키는 것

HAWTHORNE EFFECT　조사 대상자가 평소와 다르게 행동하는 경향 |

OBSERVER EFFECT 참조

HOLLYWOOD MODEL　프로젝트 진행 기간 동안 전문가들이 팀으로 함께 일하는 창의적 협력 시스템 | IMT, METATEAM, VIRTUAL AGENCY 참조

HOUSE OF BRANDS　기업이 판매하는 제품이나 서비스가 주요 브랜드명인 기업으로, 혼합 브랜드Heterogeneous Brand 혹은 복수 브랜드Pluralistic Brand라고도 한다. BRANDED HOUSE의 반대 개념

ICON　브랜드의 시각적인 상징을 의미하며, 일반적으로 MARKET POSITION에서 차별화되어 만들어진다. 일종의 TRADEMARK | TRADEMARK 참조

IMT　'An Integrated Marketing Team'의 약자. 브랜드 구축을 위해 다양한 전문회사들이 협력하는 형태를 뜻한다 | HOLLYWOOD MODEL, METATEAM, VIRTUAL AGENCY 참조

INFORMATION ARCHITECT　복잡한 정보시스템을 보다 쉽게 찾을 수 있도록 만드는 사람 | Richard Saul Wurman의 『Information Architects』 읽어보기

INFORMATION HIERARCHY　브랜드 메시지 요소들 중 중요도에 따른 순서

INGREDIENT BRAND　타 브랜드에서 판매 특징으로 사용되는 브랜드

INNOVATION　시장을 변화시키는 제품, 서비스, 경험 혹은 콘셉트. 혁신의 공식적인 실천 | Tom Kelley의 『The Art of Innovation』 읽어보기

INTEGRATED MARKETING　다양한 매체에 걸쳐 일관성 있는 메시지를 개발하기 위한 협력 방법

INTELLECTUAL PROPERTY　특허나 저작권 등으로 보호받는 보이지 않는 자산. 브랜드명, TRADEMARK, 색상, 모양, 소리,

향기 등의 브랜드 자산을 보호하는 데 전문성을 가진 법률 분야

INTERNAL BRANDING   표준화된 매뉴얼이나 오리엔테이션, 세션, 워크숍, 크리틱Critique 그리고 온라인 교육을 통해 브랜드에 대한 이해를 전파하는 기업 혹은 조직의 내부 프로그램. 브랜드 배양Brand Cultivation

JAMMING   즉흥적인 협력을 통해 브랜드나 기업을 구축하는 것 | John Kao의 『Jamming』 읽어보기

JUNK BRAND   실질적인 가치 제안이기보다 표면적인 부분에 치중된 브랜드. 포템킨 브랜드Potemkin Brand라고도 한다(러시아 예카테리나 대제의 정부이자 총사령관이었던 포템킨이 자신의 공적을 과장하기 위해 황제가 시찰하는 마을을 화려하게 단장해 허장성세 보고한 것에서 유래됐다. 겉만 번지르르한 무언가를 뜻할 때 '포템킨의 마을'이라는 표현을 사용한다—옮긴이 주)

LEVERAGING A BRAND   새로운 브랜드를 출시하기 위해 기존 브랜드의 신뢰도를 빌리는 것. 브랜드 확장 | CO-BRANDING, SUBBRAND 참조

LINE EXTENSION   MASTER BRAND 밑에 한 개 혹은 그 이상의 SUBBRAND를 추가하는 것. 브랜드 가족의 확장 | MASTER BRAND, SUBBRAND 참조

LIVING BRAND   스스로 자라고, 변화하고, 유지되는 브랜드. 건강한 브랜드

LOGO   'LOGOTYPE'의 약자로 최근에는 모든 TRADE MARK에 적용되는 용어이지만 잘못 사용되고 있는 경우다 | LOGOTYPE, TRADEMARK 참조

LOGOTYPE   브랜드명을 표시하기 위해서 사용하는 독특한 활자나 레터링 스타일

LOOK AND FEEL 제품, 환경 혹은 커뮤니케이션에서 받는 감각적인 경험

MALL INTERCEPT 조사 연구자가 가게나 공공장소에서 고객을 인터 뷰하는 시장조사 방법. ONE-ON-ONE INTER VIEW | ONE-ON-ONE INTERVIEW 참조

MARKETING 제품이나 서비스를 개발하고, 프로모션하고, 판매 하고, 유통하는 과정 | Al Ries의 『The 22 Immutable Laws of Marketing』 읽어보기

MARKETING AESTHETICS 고객의 느낌이나 경험을 강화하기 위해 사용되 는 인식의 원리 | Bernd Schmitt, Alex Simonson의 『Marketing Aesthetics』 읽어보기

MARKET PENETRATION CATEGORY 내에서 다른 것들과 비교하여 제품 이나 서비스 혹은 기업이 차지하는 시장점유율

MARKET POSITION CATEGORY 내에서 제품이나 서비스 혹은 기업 의 순위. 시장점유율과 마인드점유율을 곱하여 계 산하기도 한다 | POSITIONING 참조

MARKET SHARE CATEGORY 내 총 판매량의 비율. 대부분 판매 개수나 판매 금액으로 표시된다

MASTER BRAND 한 분야 혹은 사업 전반에 있어 지배적인 브랜드. 페퍼리지팜Pepperidge Farm이나 소니Sony처럼 SUB BRAND가 추가될 수 있는 PARENT BRAND | BRAND ARCHITECTURE, PARENT BRAND, SUBBRAND 참조

MEDIA TV, 인쇄 출판물, DM, 인터넷 그리고 옥외 광고 처럼 브랜드 메시지가 전달되는 채널들

MEDIA ADVERTISING 대중 커뮤니케이션 채널을 통해 판매, 설득 혹은 브 랜드 인지도 제고를 위해 만들어진 일방적 메시지

MEME 바이러스처럼 자기복제되는 아이디어. 'Where's

the beef?' 혹은 'Sweet!' 같은 소셜 커런시Social Currency(소셜 커런시란 SNS 등 온라인 커뮤니티에서 만들어진 개인 간의 신뢰도나 가치를 실제적 혹은 잠재적인 자원으로 여겨 이를 화폐가치로 환산하는 것을 말한다—옮긴이 주) | Richard Dawkins 의 The 「Selfish Gene」 읽어보기

MENTAL MODEL 경험, 환경, 프로세스 혹은 시스템의 개념적인 이미지. 이해를 돕거나 예측 가치를 제공한다

MESSAGE ARCHITECTURE 브랜드 커뮤니케이션에서의 공식적인 관계

METATEAM 작은 단위의 전문가팀들이 모여 만들어진 큰 팀. IMT 혹은 VIRTUAL AGENCY | HOLLYWOOD MODEL, IMT, VIRTUAL AGENCY 참조

MISSION STATEMENT 조직의 목적과 이상을 간결하게 만든 진술서

MORPHEME 의미를 지닌 언어의 최소 단위. 네이밍 전문가들이 조합하는 방법으로 신조어를 만드는 데 활용한다 | NEOLOGISM 참조

NAME BRAND 널리 알려진 제품, 서비스 혹은 조직

NATURAL READING SEQUENCE 독자들이 각기 다른 정보들을 가장 쉽게 이해할 수 있는 순서

NEOLOGISM 브랜드명으로 사용될 수 있는 새로운 조어 혹은 문장 | MORPHEME 참조

NEW LUXURY 프리미엄 가격으로 고품질 혹은 최상의 기능을 제공하는 상품이나 서비스. 벨베데레Belvedere 보드카나 캘러웨이Callaway 골프클럽이 그 예가 될 수 있다 | Michael J. Silverstein, Neil Fiske의 「Trading Up」 읽어보기

NIH SYNDROME 기업이나 백화점, 종업원 혹은 컨설턴트들이 "여

기에서 발명되지 않았다Not Invented Here"라고 하면
서 배타적인 태도를 보이는 경향

NO-LOGO MOVEMENT
글로벌 브랜드를 새로운 문화적 제국주의 형태로
간주하는 운동가들의 모임 | Naomi Klein의 『No Logo』
읽어보기

NOMENCLATURE SYSTEM
제품, 서비스, 특징 혹은 혜택과 관련된 네
이밍의 공식적인 구성체계. 조직의 BRAND
ARCHITECTURE의 네이밍 부문 | BRAND
ARCHITECTURE 참조

OBSERVER EFFECT
현장에 관찰자가 있어서 관찰 대상자의 행동이 바
뀌는 것. HAWTHORNE EFFECT

ONE-ON-ONE INTERVIEW
시장조사 시 한 번에 한 명만을 대상으로 하는 인
터뷰 방법

ONE-STOP SHOP
IMT의 반대적 개념으로, 종합적인 브랜딩 서비스
를 하는 단일 회사 | IMT 참조

OPINION LEADER
그룹 내에서 견해나 개성이 다른 구성원들에게 영
향을 미치는 사람. Opinion Maker라고도 한다

PARALLEL EXECUTION
크리에이티브팀들이 순차적이 아니라 동시에 일하
도록 하는 프로세스

PARENT BRAND
브랜드 패밀리 내에서 가장 중심이 되는 브랜드 |
BRAND ARCHITECTURE, MASTER BRAND 참조

PERCEPTION
감각을 통해 받은 인상. 소비자 경험을 만드는 요
소 | MARKETING AESTHETICS 참조

PERCEPTUAL MAP
경쟁 제품과 서비스, 기업이나 브랜드 간의 관계
를 보여주는 소비자 인식 도표

PERMANENT MEDIA
건축물이나 신호 체계처럼 오래 지속되는 환경적

인 브랜드 메시지

PERMISSION MARKETING　예견되고, 개인적이며, 적절한 메시지를 통해 제품이나 서비스를 촉진하는 것 | Seth Godin의 『Permission Marketing』 읽어보기

POSITIONING　전략적 경쟁 우위를 차지하기 위해 소비자의 마음에 제품, 서비스 혹은 기업을 차별화하는 과정. 브랜드 구축의 첫 단계 | Al Ries, Jack Trout의 『Positioning』 읽어보기

POWER LAW　브랜드 구축에 있어서 성공이 더 많은 성공을 부르는 경향. '부가 부를 낳는다'를 설명하는 법칙 | VIRTUOUS CIRCLE 참조

PRIMACY EFFECT　마지막 인상을 제외하면, 나중에 받는 인상보다 첫인상이 주는 인상이 더욱 강하다는 의미 | RECENCY EFFECT 참조

PRIVATE LABEL　보다 저렴한 가격으로 광범위하게 유통되는 제품들과 경쟁하는 상점 자체 개발 제품. NAME BRAND와 대비되는 개념으로서 STORE BRAND | NAME BRAND, STORE BRAND 참조

PRODUCT PLACEMENT　영화, TV 프로그램, 음악, 공공 환경처럼 비광고 매체에 제품이나 상표를 끼워 넣는 유료 광고의 한 형태

PROMISE　페덱스FedEx의 '정확한 시간 보장'처럼 소비자의 기대와 종업원의 책임을 명시한 것

PROSUMER　전문가 수준의 특징과 소비자 수준의 유용성 및 가격을 더한 제품과 서비스 CATEGORY

PROTOTYPE　신제품이나 서비스, 환경, 커뮤니케이션 혹은 경험을 개발하고 평가하는 데 활용되는 모델이나 목업 그리고 계획

PROVENANCE	브랜드에 정통성과 신뢰성을 부여하는 역사적인 관련성	AUTHENTICITY 참조
PURE PLAY	단일 업종의 회사. 매우 특화된 브랜드
QUALIA	각 개인이 어떻게 브랜드를 인식하는지를 결정짓는 주관적인 경험	EXPERIENCE DESIGN 참조
QUALITATIVE RESEARCH	ONE-ON-ONE INTERVIEW 혹은 FOCUS GROUP 등 통찰을 얻기 위한 조사	DESIGN RESEARCH, FOCUS GROUP, ONE-ON-ONE INTERVIEW 참조
QUANTITATIVE RESEARCH	투표나 대규모 조사 등 양적인 정보를 얻기 위한 연구	DESIGN RESEARCH 참조
RADICAL DIFFERENTIATION	브랜드가 혼잡한 시장에서도 두드러지는 강한 위치	POSITIONING, ZAG 참조
RAPID PROTOTYPING	더욱 효과적인 제품과 서비스 혹은 경험을 개발하기 위해 신속하게 모델이나 목업을 만들거나 혹은 빠르게 연속적으로 콘셉트를 만들고 평가하는 것을 여러 번 반복하는 과정	Tom Kelley의 『The Art of Innovation』 읽어보기
REACH	광고와 브랜드 메시지에 노출된 사람들의 수	MARKET PENETRATION 참조
RECENCY EFFECT	마지막 인상이 첫인상을 포함한 이전의 인상보다 더욱 강하다는 의미	PRIMACY EFFECT 참조
REPUTATION	한 집단의 구성원들이 특정 제품, 서비스 혹은 조직에 대해 갖는 공통된 의견	AUDIENCE 참조
SACRIFICE	MARKET POSITION이나 브랜드 강화에 도움이 되지 못하는 제품, 서비스 혹은 특징을 과감하게 제거하는 행동

SALES CYCLE	구매자의 구매 단계들(인지, 고려, 결정, 사용으로 정의됨), 판매자의 판매 단계들(고객의 발견, 만족, 제품 혹은 서비스 규정, 고객 요구의 인식 및 수용으로 정의됨)
SEGMENT	특정한 마케팅 활동에 유사하게 반응할 것 같은 집단
SEGMENTATION	유사한 가치와 목표를 공유하는 사람들을 하위 범주로 하여 시장을 나누는 과정
SHELF IMPACT	디자인 효과로 제품이나 패키지 혹은 브랜드가 매대에서 돋보이게 하는 능력
SIGNATURE	LOGOTYPE과 SYMBOL 사이의 정의된 시각적 관계	LOGOTYPE, SYMBOL 참조
SILO	제품, 서비스, 기능 혹은 시장에 따라 다른 부서들로부터 분리된 하나의 부서. 비협력적인 부서를 폄하해서 부르는 용어
SLOGAN	캐치프레이즈, TAGLINE 혹은 선동 구호. 함성을 뜻하는 게일어의 'Sluagh-ghairm'에서 유래됐다
SOCIAL NETWORK	VIRAL MARKETING 기법을 이용해 아이디어나 메시지가 널리 퍼질 수 있게 활용하는 인적 네트워크	VIRAL MARKETING 참조
SOCK-PUPPET MARKETING	닷컴 시대처럼 허위 과장 광고캠페인으로 만들어진 모조품 브랜드를 폄하해서 부르는 용어	Al Ries, Laura Ries의 『The Fall of Advertising』 읽어보기
SPECIALIZATION	큰 기업과 더 나은 경쟁을 하거나 다른 전문가들과 더욱 좋게 협력할 수 있도록 사업을 집중하고 심화하는 전략
SPEECH STREAM-VISIBILITY	코닥Kodak이나 스머커즈Smuckers처럼 대화 중에서

도 대명사(반대는 일반 명사)로 인식될 수 있을 정
도로 좋은 브랜드명

STAKEHOLDER   기업이나 브랜드와 이해관계에 있는 주주, 종업
원, 파트너, 협력 업체, 고객 그리고 지역사회 구
성원 등 기업 활동과 관련 있는 모든 관계자

STORE BRAND   광범위하게 유통되는 경쟁자들보다 저렴한 가격이
나 높은 마진으로 판매되는 PRIVATE LABEL 제
품. GENERIC BRAND라고 잘못 알려져 있다. 일
종의 PRIVATE LABEL 브랜드 | GENERIC BRAND,
PRIVATE LABEL 참조

STRATEGIC DNA   사업 전략과 브랜드 전략의 결합으로 만들어진 의
사결정 코드

STRATEGY   경쟁자들보다 더 뛰어난 묘책으로 사업 목표를 달
성하기 위해 사용하는 일련의 전술 사용 계획 |
BRAND STRATEGY 참조

SUBBRAND   MASTER BRAND의 연상을 기초로 하여 만든 이
차 브랜드 | MASTER BRAND 참조

SUSTAINING INNOVATION   기존 제품, 서비스 혹은 사업을 지속적으로 개선하
는 것. 파괴적 혁신 | DISRUPTIVE INNOVATION 참조

SWOT   강점과 약점, 기회와 위협을 분석하는 개념적인
도구

SYMBOL   브랜드를 표현하기 위해 디자인된 기호나 TRADE
MARK

TACTIC   전략을 지원하기 위한 기묘하고도 적절한 책략

TAGLINE   미니Mini의 'Let's motor'이나 타코벨Taco Bell
의 'Think outside the bun'처럼 MARKET
POSITION을 요약하는 데 사용하는 단어나 문장

| POSITIONING, SLOGAN 참조

TARGET MARKET 기업이 제품, 서비스 등을 제공하기로 결정한 고객 집단 | SEGMENTATION 참조

TEAM DYNAMICS 신뢰, 공포, 존경 그리고 사내정치처럼 협력에 영향을 미치는 심리적 요인들 | Keith Yamashita and Sandra Spataro의 『Unstuck』 읽어보기

THOUGHT LEADER 애플 컴퓨터처럼 시장점유율과 반드시 상관이 있는 것은 아니지만 영향력 있는 아이디어로 시장을 이끄는 브랜드

TIPPING POINT 시장의 진화가 폭발적으로 일어나는 순간. 혹은 '낙타의 등을 부러뜨린 지푸라기'라는 말처럼 작은 노력들이 쌓여 큰 결과를 낳는 순간 | Malcolm Gladwell의 『The Tipping Point』 읽어보기

TOUCHPOINT 제품 사용, 패키지, 광고 편집, 영화 점포 환경, 종업원 그리고 일상적인 대화처럼 고객과 브랜드의 만남이 이뤄지는 모든 공간

TRADE DRESS 브랜드 식별이 가능한 '얼굴'을 만들어내는 색상, 형태, 타입페이스, 페이지 트리트먼트 그리고 기타 시각적인 요소들 | BRAND IDENTITY 참조

TRADEMARK 시장에서 혼돈을 방지하고 제품이나 서비스의 출처를 알리는 이름이나 SYMBOL. 지적재산권의 법적인 보호 형태 | Alina Wheeler의 『Designing Brand Identity』 읽어보기

TRIBAL BRAND 할리데이비슨Harley-Davidson, 이베이eBay, 아메리칸 아이돌American Idol처럼 열광적인 추종자들을 가진 브랜드

TURFISMO 매니저들이 협력을 희생하면서까지 자신들의 자율성을 보호하려는 경향

TV-INDUSTRIAL COMPLEX	20세기 후반 동안 내셔널 브랜드를 출시하고 유지하기 위해 운영된 지배적인 시스템. 현재는 뉴미디어와 TRIBAL BRAND에 의해 약화됐다 ｜ TRIBAL BRAND 참조. Seth Godin의 『Purple Cow』 읽어보기
USP	'The Unique Selling Proposition'의 약자로, 1950년대 광고회사 임원이었던 로저 리브스Rosser Reeves가 주창한 '제품이나 서비스의 독특한 판매 제안.' DIFFERENTIATION의 한 가지 방법 ｜ DIFFERENTIATION 참조
VALIDATION	제안된 메시지, 콘셉트 혹은 PROTOTYPE에 대한 소비자의 승인 ｜ PROTOTYPE 참조
VALUE PROPOSITION	기능적, 감성적 그리고 자기표현적인 혜택들이 포함된 혜택
VICIOUS CIRCLE	BRAND STRATEGY에 있어서 차별화가 부족해 가격이 낮고, 이윤이 적으며, 가용자원이 줄고, 혁신이 사라짐으로써 차별화되지 않아 결국 일반화되는 죽음의 나선형. 선순환VIRTUOUS CIRCLE의 반대 개념
VIRAL MARKETING	SOCIAL NETWORK에서 아이디어를 전파하기 위해 활용하는 기법. 제휴 프로그램이나 CO-BRANDING, 이메일, 온라인에서의 링크 교환 혹은 오프라인, 입소문 광고와 MEME 등을 의미한다 ｜ MEME 참조. Seth Godin의 『Unleashing the Ideavirus』 읽어보기
VIRTUAL AGENCY	인텔Intel 수잔 록크리스Susan Rockrise에 의해 만들어진 용어로, 브랜드 구축을 위해 함께 일하는 전문회사 ｜ HOLLYWOOD MODEL, IMT, METATEAM 참조
VIRTUOUS CIRCLE	VICIOUS CIRCLE의 반대되는 의미로, DIFFERENTIATION을 통해 가격이 높아지고 이익이 많으며, 보다 많은 가용자원이 생기고, 더 많은 혁신이

일어나 새로운 차별화로 이어지는 성장의 나선형

VISION   조직이 어디로 가는지에 대해 리더가 해주는 이야
기. 미래 성장을 이끄는 기업의 목표

ZAG   경쟁적 이점을 가져오는 반대적인 전략. CHARIS
MATIC BRAND를 만드는 차별화된 아이디어 |
CHARISMATIC BRAND 참조

추천 서적 RECOMMENDED READING

『브랜드 갭』의 내용은 마치 바닷속 깊은 곳에서 서로 연결되어 있는 섬들과 같다. 당신이 보는 것은 단지 물 위에 보이는 육지의 일부분일 뿐이다. 하지만 나는 이 책이 당신의 모험심과 흥미를 충분히 자극하여, 브랜드와 제시한 다섯 가지 원칙에 대해 좀 더 깊이 연구하기를 바란다. 개인적으로 읽을 가치가 있고, 참다운 내용으로 가득 찬 책 몇 권을 소개한다.

브랜딩 일반론 GENERAL BRANDING

『Brand Leadership』, David A. Aaker and Erich Joachimsthaler(Free Press, 2000). 저자들은 브랜드가 성공하기 위해서는 위에서부터 이끌어줘야 한다고 말한다. 이러한 전술적인 접근에서 전략적인 접근으로의 변화는 조직구조 시스템이나 조직문화에서도 동일하게 요구된다. 버진Virgin에서 스와치Swatch, 메리어트 Marriot에서 맥도날드McDonald까지 수백 가지의 예시를 통해 이 관점을 증명한다.

『Brand Portfolio Strategy』, David A. Aaker(Free Press, 2004). 저자는 10년 이상 브랜드 이론의 분류 체계를 구축하여 브랜드 관리를 위해 필요한 모든 내용을 정의하고 분류하는 일을 해왔다. 단일 브랜드에서 관심을 돌려 패밀리 브랜드를 주목한 그는, 이 책에서 어떻게 브랜드를 손상시키지 않고 확장할 수 있는지, 또 초점을 잃지 않고 사업을 성장시키는 방법은 무엇인지를 알려준다.

『Brand Warfare』, David D'Alessandro(McGraw-Hill Trade, 2001). 존 핸콕John Hancock의 CEO인 저자는 침체된 생명보험사를 굴지의 대형 금융서비스사로 변화시키기 위해 어떻게 브랜딩 기술을 도입하게 되었는지 이야기한다. 책에서는 왜 브랜드가 사업상 어떤 고려사항들보다 우선시되어서 모든 결정이 여과되는 프리즘의 역할을 하게 되었는지를 설명한다.

『Emotional Branding』, Marc Gobé(AllWorth Press, 2001). 감성, 아름다움, 경험을 만드는 것은 이 책의 저자인 고베처럼 현업에 종사하는 전문가들의 영역이다. 그는 자신의 포트폴리오를 통해 에이커 교수와 슈미트 교수의 작업을 설명하고 확장했으며, 어떻게 실제 디자인에서 논리와 마술이 표현되는지 보여준다.

『Managing Brand Equity』, David A. Aker(Free Press, 1991). 에이커 교수는 이름, 심벌, 슬로건이 중요한 것은 물론 측정될 수 있는 가치 있는 전략적 자산이라는 것을 증명하면서, 브랜드 혁명에 예포를 쏘기 시작했다. 1995년 출간한 『Building Strong Brand』에서 그는 브랜드 파워를 만들기 위한 감성의 기능을 다룸으로써 앞선 주제를 보다 발전시켰다. 그의 책들은 현대 브랜드 관련 이론의 버팀목이다.

『Marketing Aesthetics』, Bernd H. Schmitt and Alex Simonson(Free Press, 1997). 이 책의 저자들은 에이커 교수의 이론에서 한 발자국 더 나아가, 감정을 움직이는 것이 미학이라는 것을 보여준다. 슈미트 교수는 더 나아가 브랜드 구축을 위한 고객 경험의 중요성에 초점을 맞춘 『Experiential Marketing』을 1999년에 발간했다.

『Selling the Invisible』, Harry Beckwith(Warner Books, 1997). 광고 분야의 오랜 전문가인 저자는 '사람들에게 보이지 않는 서비스라는 제품을 어떻게 마케팅할 것인가?' 하는 어려운 브랜드 문제에 대해 다룬다. 그는 다음 저서 『The Invisible Touch』에서 가격, 브랜딩, 패키징 그리고 관계 등 현대 마케팅의 네 가지 주요 요소를 제시한다. 실체가 있는 제품을 판매하는 사람들이 가진 대다수의 유사한 원칙을 터득하는 것은 쉽다. 보이지 않는 제품을 판매하는 사람이라면, 보이는 제품을 판매하는 일은 누워서 떡 먹기처럼 여겨질 것이다. 두 권 모두 유쾌하고 인상적이다.

차별 DIFFERENTIATION

『Built to Last』, James C. Collins and Jerry I. Porras(Harper Business Essentials, 1994). 저자들은 브랜드는 영속할 수 없지만 기업은 그럴 수 있다고 말한다. 장수의 비결은 핵심을 유지하고 발전을 자극하는 것이다. 당신 사업의 핵심은 무엇인가? 제공하는 가치들은? 고객에 대한 약속은? 당신의 기업이 하우스 오브 브랜드House of brandsd이든 브랜디드 하우스Branded house이든 관계없이, 바로 여기에서 진정한 차별화가 시작된다. 6년에 걸친 저자들의 연구가 이 책에 진지함을 더해준다.

『Positioning: The Battle for Your Mind』, Al Ries and Jack Trout(McGraw-Hill Trade, 2000). 포지셔닝에 관한 책은 1970년대에 간단한 소책자 글로 시작되어 책으로 만들어졌으며, 그 이론의 특징을 잃지 않고 지속적으로 개정돼왔다. 저자들은 차별화 이론에 빅뱅을 가져온 포지셔닝 이론의 선구자로서, 그 후 주제를 새로운 각도에서 조명하는 10여 권의 저서를 발간했다. 이들의 연구에서 간단한 사실을 파악할 수 있다면, 마케터 중 90%가 이해하지 못하는, '고객은 브랜드를 선택한다'라는 말을 이해하게 될 것이다.

『Purple Cow』, Seth Godin(Portfolio, 2003). 저자는 차별화된 브랜드를 '보랏빛 소'에 비유한다. 시골길을 운전하며 가다가 처음으로 갈색소가 보이면 당신의 관심을 끌 것이나 10마리, 12마리를 지나친다면 아마도 더 이상 그렇지 않을 것이다. 저자는 최근의 '브랜드환경Brandscape'*에서 찾은 수많은 예시들을 통해 본인의 관점을 증명하고 어떻게 경쟁환경에서 돋보일 수 있는지를 보여준다. 또 평소와 같이 TV 복합산업의 종말을 주장하면서 광고에 대한 비판의 날을 세운다. 이제는 앞으로 나갈 시간이다!

협력 COLLABORATION

『No More Abortion No More Teams!』, Michael Schrage(Currency/ Doubleday, 1995). 책에서 저자는 '팀워크란 지금까지는 단지 말로만 있었다'라고 말한다. 또

---

*인류학자 존 셰리John Sherry가 'Brand'와 'Landscape'를 합쳐 만든 말. 현대인들이 브랜드들에 둘러싸인 채 살고 있으며, 나아가 거기서 자신의 정체성을 확인한다는 뜻이다. 기업이 브랜드 정체성을 만들어가는 활동이나 브랜드에 대한 고객만족도 증진을 위한 일련의 전략과 행위를 의미하기도 한다_옮긴이 주

한 팀이 혁신적이기 위해서는 '나눔의 공간'과 협력의 도구들이 필요하다고 주장한다. 매우 독창적이고 멋지게 기술된 이 책은 사업뿐 아니라 모든 산업분야에서 혁신을 일으킬 만한 콘셉트를 제공하며, 지속적으로 경쟁적 우위를 점유하려는 이들이 궁극적인 목표에 더욱 가깝게 다가갈 수 있도록 인도한다.

『Organizing Genius』, Warren Bennis and Patricia Ward Biederman(Perseus Publishing,1998). 리더십 기술에 관한 전문가인 저자는 어떻게 조직 내에서 팀워크의 창의적인 가능성을 열어줄 수 있는지를 보여준다. 이 주제와 관련해 독창적이고 많은 영감을 주는 책이다.

『Six Thinking Hats』, Edward de Bono(Little, Brown and Company, 1985). 임원들이 모여 그들 조직의 미래에 대해 브레인스토밍을 한다면, 그 논의는 금방 의견 불일치로 돌아설 수 있다. 저자는 사고방법론 분야의 정평이 난 대가로서 한 번에 한 생각에만 집중하여 어떻게 그룹의 최고 아이디어를 이끌어낼 수 있는지를 보여준다. 회의를 여러 가지 모자들, 이를테면 빨간 모자는 감성적, 검정 모자는 데블스에드버킷*, 녹색 모자는 창의적인 것으로 나눠 조직함으로써 아이디어가 만들어지기도 전에 버려지는 일을 방지한다. 실제로 클라이언트와 함께하는 자리에서 이 방법을 사용해본 나는 참으로 놀라운 결과를 얻었다.

『Unstuck』, Keith Yamashita and Sandra Spataro, Ph.D.(Portfolio, 2004). 개인들의 세상에서 팀의 세상으로 변해가는 이 시대에, 사업의 법칙은 새로운 단계의 복잡성으로 옮겨가고 있다. 홀로 남겨진 것 같고, 당황스럽고, 방향을 잃은 것 같고, 상처를 입고, 쓸모없는 것 같고, 희망이 없고, 기진맥진한 것같이 좌절한 팀 멤버들은 이러한 상황에서 자유로워지기 위해 이 책이 제안하는 방법을 사용할 수 있을 것이다. 차트로 이뤄진 『브랜드 갭』의 디자인들이 좋다면, 이 책의 디자인도 좋아할 것이다.

---

*악마의 변호인이라는 뜻으로, 어떤 사안에 대해 의도적으로 반대 의견을 말하는 사람, 의도적으로 반대 입장을 취하면서 선의의 비판자 역할을 하는 사람을 의미한다_옮긴이 주

『The Art of Innovation』, Tom Kelly et al(Currency/ Doubleday, 2000). 저자는 최고의 제품 디자인 회사 중 하나인 IDEO 사의 사내 작업 현장을 보여주기 위해, 지금까지 가려져 있던 IDEO 사의 장막을 걷는다. 그는 PALM V, 어린이용 두꺼운 칫솔, 착용할 수 있는 전자제품처럼 멋지고 혁신적인 제품들을 디자인하는 데 어떻게 브레인스토밍과 프로토타입을 활용할 수 있는지를 보여준다.

『Designing Brand Identity』, Alina Wheeler(Wiley, 2003). 브랜드의 룩 앤드 필 LOOK AND FEEL을 만들기 위한 새로운 바이블이다. 저자는 어떻게 브랜드 전략을 완벽한 고객경험으로 바꿀 수 있는지를 단계별로, 접점별로 보여준다.

『Eating the Big Fish』, Adam Morgan(John Wiley and Sons, 1999). 저자는 오직 하나의 브랜드만 1위가 될 수 있다고 말한다. 그 외의 다른 브랜드들은 더욱 열심히 해야 한다는 의미다. 저자는 보다 구체적으로, 일반적인 브랜드와 '다른 것과 차별되고자 하는 용기'를 가지고 '혁신적일 정도의 현명함'을 지닌 동시에 '도전하는' 브랜드를 나눈다. 그가 제시한 다수의 사례들은 저자가 주장하는 원칙이 이론뿐 아니라 실제적인 것임을 증명한다.

『Serious Play』, Michael Schrage(Harvard Business School Press, 1999). 저자는 농담이 아니라 진지하게, 독자들이 협력 모델을 채택하기를 원한다. 비밀은 혁신을 위해서 나눔의 공간으로 이용될 수 있는 빠르고 간단한 프로토타입을 만드는 것이다. 저자는 독자들을 우뇌의 세계로 인도한다. 그곳에서는 놀이가 진지한 것과 동등하게 취급받고 진지한 이들이 즐거움을 좇는 팀에서 일한다.

『A Smile in the Mind』, Beryl Mcalhone and David Stuart(Phaidon, 1996). 단 한 권의 그래픽디자인 관련 책을 구입해야 한다면, 바로 이 책을 구입하라. 저자들은 미국과 유럽 디자이너들의 현명하고 가끔은 의미심장한 사례와 영국 더 파트너스The Partners의 몇 개의 예를 통해 위트가 혁신의 영혼이라는 것을 조용히 증명해낸다.

『Bottom-up Marketing』, Al Ries and Jack Trout(Plume, 1989). 브랜드를 아래에서부터 위로 만들어간다는 콘셉트는 간결하면서도 매우 놀랍다. 저자들은 고객으로부터 효과 있는 전술을 발견한 뒤 전략으로 발전시켜야지, 그 반대로 해서는 안 된다고 충고한다.

『Hitting the Sweet Spot』, Lisa Fortini-Campbell(Copy Workshop,1992). 최적의 타점을 맞추기 위해서는 브랜드에 대한 통찰력과 고객의 통찰력 간의 비례가 정확해야 한다. 저자는 이론적인 면과 실무적인 면을 적절히 섞어서 시장조사를 통해 얻은 데이터를 어떻게 정보로 만들어내는지, 또 통찰력을 발휘해 최종적으로 어떤 결과를 이끌어내는지 보여준다.

『State of the Art Marketing Research』, Breen, Dutka, and Blankenship (McGraw-Hill, 1998). 이 책은 쇼핑몰 인터뷰 조사, 소비자 그룹, 우편 조사 등 마케팅 조사에 있어서 독자들이 알고 싶어 하는 것 이상의 정보를 제공한다. 이러한 주제에 대한 좋은 참고 서적을 찾고 있다면, 바로 이 책이 도움이 될 것이다.

『Truth, Lies and Advertising』, Jon Steel(John Wiley and Sons,1998). 저자는 'Got Milk?' 캠페인 등으로 유명한 굿비Goodby 사와 실버스타인 앤드 파트너스 Silverstein & Partners 사에서 광고기획자account planner로 일했다. 연구자, 광고 섭외 부장, 대리 크리에이티브, 대리 고객 등 다양한 역할을 통해 저자는 고객의 마음으로 들어가서 그들이 어떻게 브랜드, 제품 그리고 카테고리들의 관계를 결부시키는지 보여준다.

『The Agenda』, Michael Hammer(Crown Business, 2001). 『Re-Engineering The Corporation』의 저자이자 비즈니스 분야의 권위자인 해머 교수는 '지속적인

실행이 장기적인 성공의 열쇠'라고 말한다. 그는 '창의성의 체계화', '모호성의 힘에서 발생하는 이익', '가능한 한 언제나 협력하라' 등 9개 항목에 해당하는 실행 계획을 명쾌하게 설명한다. 마케팅보다 리더십에 더욱 중점을 두었으나 이 방법은 브랜드 구축의 모범 사례와 완벽하게 일치한다.

「Building the Brand-Driven Business」, Scott M. Davis and Michael Dunn(Jossey-Bass, 2002). 고객이 브랜드를 경험하는 지점인 터치포인트 관리가 가장 중요하다. 저자들은 모든 조직원들이 브랜드 구축에 있어 자신의 역할을 알 수 있도록 어떻게 브랜드 경험을 '구매 전 단계', '구매 단계' 그리고 '구매 후 단계' 로 나누는지를 설명한다.

「Living the Brand」, Nicholas Ind(Kogan Page, 2001). 참여를 통한 브랜딩을 강조하는 저자는 가장 중요한 자산은 기업의 직원들이라고 말한다. 그는 의미, 목적, 가치가 어떻게 '모든 종업원을 브랜드를 위한 전사로 바꾸는 조직'을 만들 수 있는지를 보여준다.

「Will and Vision」, Gerard Tellis and Peter Golder(McGraw-Hill Trade, 2001). 저자들은 '먼저 시작한 사람이 유리하다'는 이론에 동의하는 마케터들에게 '그렇다 해도 지나치게 빠르면 안 된다'고 말한다. 그들은 영속적인 브랜드를 만들기 위해 필요한 다섯 가지 주요 원리, 즉 대량 시장의 비전, 관리의 지속성, 지속적인 혁신, 금융상의 약속, 자산의 활용 등을 분리하여 설명하기 위해서 질레트[Gillette], 마이크로소프트, 제록스 등을 포함한 많은 인상적인 실제 사례들을 활용한다.

커뮤니케이션 분야에서 일을 시작해 20년 가까이 디자인과 마케팅, 특히 아이덴티티와 관련된 일을 해오고 있지만 이 분야는 알면 알수록 단정적으로 말하기 어렵고, 매번 새로운 사실을 깨닫게 한다. 특히 아쉽게 생각하던 관심사는 전략과 디자인의 괴리에 관한 문제였다. 디자인을 이해하지 못하는 기획자와 마케터, 전략을 이해하지 못하는 디자이너로 인해 목표와 전략, 전략과 전술이 모두 제각기가 되어버린 경험은 대개의 마케터와 디자이너들이 겪어봤을 것이다.

디자이너 출신인 나는 마케터들을 이해하기 위해 노력하면서 이런 현실적인 문제점을 깨닫기 시작했다. 그래서 선진 커뮤니케이션 기업들, 교육기관과 함께 일하며 얻은 지식으로 이러한 문제를 해결하는 데 도움이 될 수 있는 책을 저술할 계획을 세우게 되었다. 그러던 차에 우연히 『브랜드 갭』을 알게 되었다. 미국 그래픽 디자이너 협회AIGA가 인정한 이 책은 나의 문제를 간단히 해결해 주었다.

저자 뉴마이어는 브랜딩 원칙을 쉽고 간결하면서도 명확하게 다루었다. 저자가 서문에서 '짧은 비행시간 동안 쉽게 읽고 이해할 수 있는 책이면서도, 평생 지속될 수 있는 효과적이고 강력한 브랜딩 원칙을 제공하고 싶다'고 밝힌 것처럼 독자들은 이 책을 출퇴근길에 가벼운 마음으로 즐기며 읽게 될 것이다.

이 책은 디자인과 마케팅뿐 아니라 경영학, 미학, 사회학, 심리학 등 광범위한 분야를 포괄하는 브랜딩을 보다 쉽고 올바르게 이해할 수 있는 유용한 책이다. 마케팅 관계자나 디자이너뿐 아니라, 이 분야에 관심 있는 모든 이에게 특별한 경험이 될 것이다.

김한모

가와사키 가이 149

게일 그렉 47

네이밍 71, 74~75, 98

드러커 피터 68

드 보노 에드워드 54

로고 17, 102~103, 105, 131, 154, 162, 170

로고타입 17, 103

로이 레이몬드 92

록리스 수전 158

맥루한 마샬 56

모노그램 17, 103

모리타 아키오 122

목업 84

민족지학적 127

베라 요기 127

보티스타 스티브 134

브랜드 갭 31, 34, 159

브랜드 에이전시 70, 72~73

브랜딩 모먼트 106

브랜딩 믹스 89

소비자 그룹 126, 171

쇼 조지 버나드 98

스왑 테스트 130~133, 142

심볼 17, 134

아들러 스텔라 152

아바타 102~103, 105, 170

아이콘 103~105, 130~131, 134, 136, 154, 170

양적 조사 128~129, 171

에이커 데이비드 62

엠블럼 17

오길비 데이비드 110

원스톱 숍 70~72, 158

인지 순서 170

자이츠 칼 100

제이콥스 제인 67

질적 조사 171

카리스마 브랜드 34~35, 166

커뮤니케이션 모델 170

컨셉 테스트 134~139

코워드 노엘 82

크리에이티브 브리프 84

통합 마케팅 팀 74~75, 158

트라우트 잭 63

프랭클린 벤자민 90

프로토타입 84~85, 121, 126, 134~135, 140~141, 169

피드백 118~119, 136, 154, 157, 170

필드 테스트 139, 140~141

할리우드 모델 82~83

핸드 테스트 131

호손 효과 126~127, 140, 171, 184

CBO 158~160, 173

UBS 54

USP 54